Gerhard Kolb
Ökonomische Ideengeschichte

Gerhard Kolb

Ökonomische Ideengeschichte

Volks- und betriebswirtschaftliche Entwicklungslinien
von der Antike bis zum Neoliberalismus

3., überarbeitete und erneut erweiterte Auflage

DE GRUYTER
OLDENBOURG

ISBN 978-3-11-053045-2
e-ISBN (PDF) 978-3-11-053047-6
e-ISBN (EPUB) 978-3-11-053069-8

Library of Congress Cataloging-in-Publication Data
A CIP catalog record for this book has been applied for at the Library of Congress.

Bibliografische Information der Deutschen Nationalbibliothek
Die Deutsche Nationalbibliothek verzeichnet diese Publikation in der Deutschen
Nationalbibliografie; detaillierte bibliografische Daten sind im Internet über
http://dnb.dnb.de abrufbar.

© 2017 Walter de Gruyter GmbH, Berlin/Boston
Coverabbildung: oxygen-/iStock/Thinkstock
Satz: PTP-Berlin, Protago-TEX-Production GmbH, Berlin
Druck und Bindung: CPI books GmbH, Leck
♾ Gedruckt auf säurefreiem Papier
Printed in Germany

www.degruyter.com

Dem Andenken meiner Eltern
Georg Kolb (1902–2003) und Walburga Kolb (1902–2002)

Vorwort zur dritten Auflage

Die Tatsache, dass es in relativ kurzer Zeit zu einer Neuauflage des Buches kommt, ist wohl zum Teil auch dem Umstand zu verdanken, dass es an mehreren Universitäten zu Studentenprotesten wegen der im Studium der Volkswirtschaftslehre dort meist ahistorischen und oftmals auch realitätsfernen Orientierung der Mainstream Economics kam.

Die vorliegende Neuauflage wurde überarbeitet und dabei auch auf die Ökonomik bei Platon abgehoben. Zusätzlich wurde ein Kapitel über die „Hauslehre und Berufsidee im Zeitalter des Humanismus und der Reformation" eingeführt. Auch auf die realistische Wende im Zeitalter des Absolutismus und der Aufklärung wird Bezug genommen.

Außerdem wurden Kurzbiografien von namhaften Ökonomen aufgenommen. Die Biografie des Erlanger Nationalökonomen und Soziologen Georg Weippert wird hier erstmals vorgelegt; die übrigen Kurzbiografien wurden mit freundlicher Genehmigung des Verlags Franz Vahlen meiner dort erschienenen „Geschichte der Volkswirtschaftslehre" entnommen.

Hildesheim, im Januar 2017
Gerhard Kolb

DOI 10.1515/9783110530476-001

Vorwort zur zweiten Auflage

Es ist für viele Menschen eine bittere Erfahrung, dass Gedächtnisverlust zugleich Identitätsverlust bedeutet. Überall, wo Vergangenheit bzw. Herkunft verleugnet wird, wo man nur dem flüchtigen Augenblick der Gegenwart verhaftet ist, geht auch Zukunftsfähigkeit verloren. Der Philosoph Odo Marquard hat es auf die griffige Formulierung „Zukunft braucht Herkunft" gebracht.

Auch in der Wissenschaft geht es um Erinnerungen für die Zukunft: In der Ideengeschichte handelt es sich keinesfalls darum, Asche zu verwalten, sondern die noch glimmende Glut zu erhalten. Bekanntlich kann sich nur der Baum voll entwickeln, der intakte Wurzeln hat. Ein irisches Sprichwort besagt: „Das Einzige von bleibendem Wert, was man Kindern weitergeben kann, sind Wurzeln und Flügel"; der Blick zurück soll die Sicht nach vorn schärfen. Außerdem gilt: „Wer das Alte ganz vergisst, wird auch das Neue nicht lange behalten".

Beim Verfolgen volks- und betriebswirtschaftlicher Entwicklungslinien kommt allein schon wegen der begrenzten Seitenzahl dem Mut zur Lücke große Bedeutung zu. Über Geschichte und Methoden der Wirtschaftswissenschaft liegt ein über 1000 Seiten umfassendes Werk von Dieter Schneider vor, welches die Entwicklungen detailliert aufzeigt und das neben anderen Quellen auch für das vorliegende Buch hilfreich war.

Auffällig ist, dass es zur Geschichte der Volkswirtschaftslehre eine Vielzahl von Publikationen gibt. Ein gleichnamiges Werk stammt vom Autor dieses Buches. Zur Geschichte der Betriebswirtschaftslehre ist das Angebot wesentlich überschaubarer. Vielleicht könnte das vorliegende Buch eine Anregung geben, dies zu ändern, um zur Volkswirtschaftslehre aufzuschließen, denn – wie gesagt – „Zukunft braucht Herkunft".

Gegenüber der mit „Wirtschaftsideen. Von der Antike bis zum Neoliberalismus" betitelten ersten Auflage wurden außer der betriebswirtschaftlichen Perspektive zur visuellen Verortung die Porträts namhafter Repräsentanten der jeweiligen lehrgeschichtlichen Position aufgenommen.

Hildesheim, im Dezember 2014
Gerhard Kolb

DOI 10.1515/9783110530476-002

Vorwort zur ersten Auflage

Wer wirtschaftliche und politische Diskussionen wirklich verstehen will und schon gar, wer sich als von der Wirtschaftspolitik Betroffener selbst in solche Diskussionen einbringen will, tut gut daran, sich einen Überblick über die unterschiedlichen Positionen des ökonomischen Denkens zu verschaffen, zumal die unterschiedlichsten Lösungsvorschläge für die Bewältigung der gegenwärtigen nationalen und globalen ökonomischen Probleme von der praktischen Politik, aber auch von wirtschaftswissenschaftlichen Institutionen kommen.

Deshalb zählt die Geschichte der ökonomischen Ideen nicht nur zu den wirtschaftswissenschaftlichen Studieninhalten der Fächer VWL, BWL, Politik etc., sondern generell zur Allgemeinbildung.

Basierend auf meiner erstmals 1997 im Verlag Vahlen publizierten „Geschichte der Volkswirtschaftslehre/Dogmenhistorische Positionen des ökonomischen Denkens", erschienen in der Zeitschrift „WISU – DAS WIRTSCHAFTSSTUDIUM" über mehrere Jahre bis 2003 in unregelmäßiger Folge insgesamt zwölf Beiträge zur Geschichte der VWL. Diese Beiträge wurden von mir verfasst und für WISU redaktionell bearbeitet von Dr. Klaus-Dieter Rothe vom Staatswissenschaftlichen Seminar der Universität zu Köln.

Die positive Resonanz, die diese allgemeinverständlich formulierten und von überzogenen mathematischen Zutaten freigehaltenen ideengeschichtlichen Kurzfassungen gefunden haben, war mehrmals verbunden mit der Anregung, die Reihe als Buch erscheinen zu lassen. Dieser Anregung bin ich gerne gefolgt. Selbstverständlich wurden die einzelnen Beiträge noch einmal überarbeitet und, insbesondere was die Literaturangaben betrifft, auch aktualisiert.

Gerhard Kolb

DOI 10.1515/9783110530476-003

Inhalt

1 Einleitung: zur Relevanz der volkswirtschaftlichen Ideengeschichte für die ökonomische Bildung

1.1 Bleibende Ziele – wechselnde Inhalte

Dies ist in der Tat eine sehr kuriose Entwicklung: Als der Verfasser dieses Beitrags Anfang der 1960er-Jahre als Studienreferendar für Wirtschaftswissenschaften und Erdkunde an einer renommierten Münchener Oberrealschule seinen Vorbereitungsdienst für das „Lehramt an Höheren Schulen" absolvierte – das Fach Wirtschaftslehre hat an bayerischen Gymnasien eine bis auf das Jahr 1907 zurückreichende Tradition –, wurden wir Wirtschaftsseminaristen auf allgemeinbildende Lehrinhalte eingeschworen. Die Verteidigung der Existenzberechtigung des damals in der gymnasialen Mittelstufe angesiedelten Wahlpflichtfachs Wirtschaftslehre erforderte aufseiten der „Wirtschaftsphilologen" eine besondere Sensibilität in Bezug auf den immer wieder erhobenen Vorwurf der gymnasialwidrigen Nützlichkeitsorientierung, insbesondere die Gleichsetzung von Wirtschaftslehre mit „Berufsbezug" betreffend.

Sozialethisch unbedenklich war im nachwirkenden neuhumanistischen Gedankengut bekanntlich nur die antike Ökonomik, die auf Bedarfsdeckung ausgerichtete Haushalts-, Familien- oder Gutswirtschaft. Zudem war das Verhältnis von Pädagogik und Wirtschaft durch das auf die Klassische Schule der Nationalökonomie zurückgehende Konstrukt eines Homo oeconomicus belastet, jener Vorstellung des immer und überall nur von ökonomischen Zweckmäßigkeitserwägungen geleiteten Menschen. 1957 stellte Derbolav in einem Plädoyer gegen das pädagogische Misstrauen in Bezug auf wirtschaftliche Bildungsinhalte im Gymnasium auf das „Allgemeine" des Ökonomischen ab. Diesem „Allgemeinen", letztlich diesem allgemeinbildenden Moment, galt es damals vorzugsweise zu entsprechen. Nebenbei bemerkt: Diese Strategie ging tatsächlich auf. Seit dem Schuljahr 1977/1978 gibt es das Fach „Wirtschafts- und Rechtslehre" als Pflichtfach in der Mittelstufe aller bayerischen Gymnasien und seit Anfang der 1970er-Jahre (Beginn des Schulversuchs Kollegstufe) auch in der gymnasialen Oberstufe.

Wenn man allerdings heute die auf Wirtschaft bezogenen Lehrinhalte an allgemeinbildenden Schulen betrachtet, so stellt man fest, dass von utilitären Vorbehalten offensichtlich nichts mehr übriggeblieben ist. Im Gegenteil: Die Hinführung zur Wirtschafts- und Arbeitswelt ist an Grund-, Mittel- und Realschulen beinahe ausschließlich gebrauchswissenorientiert. Aber auch an den allgemeinbildenden Gymnasien stößt man in der Oberstufe – sofern ein auf die ökonomische Bildung ausgerichtetes Fach vorhanden ist (vgl. dazu Schlösser/Weber 1999) – eher auf Grundzüge des Rechnungswesens und auf Bilanzanalyse, jedoch kaum auf das ehedem rekla-

Erstdruck in: Wirtschafts- und Berufspädagogische Schriften, Band 25, Bergisch-Gladbach 2001, S. 77–85.

DOI 10.1515/9783110530476-004

mierte „Allgemeine" des Ökonomischen. Die nach wie vor erschwerte Aufnahme eines Faches „Wirtschaftslehre" ins gymnasiale Mittelstufencurriculum – Bayern, Sachsen und Thüringen stellen hier rühmliche Ausnahmen dar – hängt aber zumindest partiell immer noch mit den tradierten Befürchtungen zusammen.

1.2 Die Geschichtsvergessenheit der Wirtschaftslehre

Es ist noch gar nicht so lange her, da enthielten sogar die an berufsbildenden Schulen verwendeten Standardlehrbücher der Volkswirtschaftslehre (z. B. der Autoren Frisch/Surkau, Schmieder/Ramseger und Siekaup) ein eigenes Kapitel bzw. einen Anhang „Geschichte der Volkswirtschaftslehre" oder „Geschichte der volkswirtschaftlichen Lehrmeinungen". Die Tatsache, dass diesbezügliche Inhalte aus den Lehrplänen sowohl der allgemeinbildenden als auch der berufsbildenden Schulen inzwischen weitgehend verschwunden sind, zeigt folgende authentische Begebenheit, wenige Tage vor dem Millenniumswechsel. Es handelt sich um ein kurzes, aber nachdenklich stimmendes Gespräch am Kassenschalter einer nicht unbedeutenden Bank in einer deutschen Großstadt zwischen einem Bankangestellten (Kassierer, jüngeren Datums) mit Namensschild „List" und mir (Autor, eher eine Generation älter):

> Autor: „Sie tragen ja den Namen eines großen deutschen Nationalökonomen."
> Kassierer: (mustert mich eher ungläubig, so, als ob ich eben von einem anderen Stern gelandet wäre)
> Autor: „Na den von Friedrich List."
> Kassierer: „Hab ich noch nie gehört."
> Autor: „Friedrich List gehört doch zu den bedeutendsten deutschen Volkswirten des 19. Jahrhunderts."
> Kassierer: „Dann lebt der wohl nicht mehr."
> Autor: „Nein, der nahm sich 1846 in Kufstein das Leben."
> Kassierer: „Ojeh!"

Sehen wir einmal von der in diesem Fall eher unwahrscheinlichen Möglichkeit des Vergessens ab, dann ergibt sich daraus die Feststellung, dass der Name Friedrich List weder in der allgemeinbildenden Schule noch in der kaufmännischen Berufsschule genannt wurde.

Hier geht es aber nicht so sehr um jenen genialen, umtriebigen, aber auch unsteten Reutlinger Visionär, den Eisenbahnpionier, der für die Politische Ökonomie den Anspruch der politischen Gestaltung reklamierte und eine Theorie der produktiven Kräfte propagierte (zudem ist er ja auch der Namenspatron einer Vielzahl berufsbildender Schulen), sondern um die seit etwa einem Vierteljahrhundert zu beobachtende Geschichtsblindheit der Wirtschaftslehre, um den Verlust der Kategorie „Geschichtlichkeit" im Sinne ideengeschichtlicher Bezüge, um die ohne Erinnerung an ihre Herkunft konzipierte „Kaspar-Hauser-Ökonomik" in unseren Lehrplänen.

Als eine zumindest maßgebliche Ursache dieser Entwicklung ist unschwer die 1968er-Bewegung auszumachen. Mit ihrer Blickrichtung auf marxistische, neomarxistische und vulgärmarxistische „Heilslehren", bis hin zum gerade auch im Rekurs auf Marx paradoxen Slogan „Traue keinem über 30!", ging die Anbindung an die Diversifikation dogmenhistorischer Positionen der Volkswirtschaftslehre – sowohl im Schul- als auch im Hochschulcurriculum – allmählich verloren. (Kontraproduktiv war diese Entwicklung freilich auch im marxistischen Verständnis von Geschichtlichkeit und Totalität.) Hinzu kommt die sich bereits in den 1970er-Jahren abzeichnende Spezialisierung innerhalb der Wirtschaftswissenschaften, welche einherging mit einer gewissen Fokussierung auf vermeintliches „Gebrauchswissen".

1.3 Die Bedeutung der Geschichte der Volkswirtschaftslehre für die ökonomische Bildung

1.3.1 Ökonomisch-ideengeschichtliche Bildung zu Unrecht vernachlässigt

Klafki wies einmal darauf hin, dass universitär betriebene Wissenschaften „im Verständnis des Neuhumanismus und des deutschen Idealismus – insbesondere, soweit sie von zukünftigen Lehrern studiert wurden – keine Spezial- und Forschungsdisziplinen im modernen Verständnis, sondern Erkenntnis- und Reflexionsbereiche (waren), deren Studium vor allem ‚Bildung', Erweiterung und Vertiefung des Selbst- und Weltverständnisses vermittelte" (1976, S. 269). Zweifelsohne besteht ein Zusammenhang zwischen der weitgehenden Eliminierung von Lehrveranstaltungen zur Geschichte des ökonomischen Denkens in den Studiengängen der Wirtschaftswissenschaften und dem Schwinden des neuhumanistischen Bildungsverständnisses, eben zugunsten einer Gebrauchsorientierung. Man muss allerdings auch hinzufügen, dass die verbreitete Denomination „Volkswirtschaftliche Dogmengeschichte" wegen der Verwechslung mit der in Theologischen Fakultäten angesiedelten „Dogmatik und Dogmengeschichte" gelegentlich zu Irritationen führte.

Zwar ist seit einigen Jahren bei maßgeblichen Fachvertretern der Volkswirtschaftslehre ein wachsendes Bewusstsein für die Notwendigkeit ideengeschichtlicher Reflexion – auch vor dem Hintergrund von Bildungserwägungen – erkennbar, einen Niederschlag in revidierten Studienordnungen hat dies bisher allerdings kaum gefunden. Im Gegensatz zum Sozialkunde- bzw. Gemeinschaftskundelehrer, der sowohl im Studium als auch im Unterricht mit der politischen Ideengeschichte befasst ist, und zum Deutschlehrer, der ohne Kenntnisse der Literaturgeschichte gar nicht vorstellbar ist, wird die historische Dimension der Wirtschaftslehre sehr zu Unrecht vernachlässigt.

Wir wollen hier nicht auf die in vergangenen Jahrzehnten teilweise sehr kontrovers geführte (Allgemein-)Bildungsdiskussion eingehen. Wenn aber weitgehend Konsens darüber festgestellt werden kann, dass Bildung als Ausstattung mit Kenntnissen,

Fähigkeiten, Einsichten und Werthaltungen zur Bewältigung von Lebenssituationen definiert wird, und derjenige als gebildet gilt, „der angesichts der Flut von Einzelinformationen die verbindenden Bezüge und strukturellen Zusammenhänge zu erkennen vermag und diese zur Grundlage seines Handelns macht" (Kaminski 1999, S. 15), dann steht dafür mit den vorzugsweise orientierenden, Zusammenhänge herstellenden, auch Werthaltungen fördernden Lehrinhalten der ökonomischen Ideengeschichte ein genuin bildungsrelevanter, aber unverständlicherweise kaum mehr beachteter Sektor der Wirtschaftslehre zur Verfügung.

1.3.2 Volkswirtschaftliche Ideengeschichte verschafft Orientierung

In Anbetracht der Tatsache, dass für die Bewältigung der gegenwärtigen regionalen, nationalen und globalen ökonomischen Probleme von der praktischen Politik, aber eben auch vonseiten der volkswirtschaftlichen Disziplin die unterschiedlichsten Lösungsvorschläge kommen, erscheint eine Orientierung über die verschiedenen wirtschaftswissenschaftlichen Positionen nicht nur hilfreich, sondern geradezu unverzichtbar.

Die Beschäftigung mit der Geschichte der Volkswirtschaftslehre eröffnet – im Spannungsfeld von Gestern und Heute, von Alt und Neu, von Tradition und Fortschritt – einen didaktisch viel zu wenig genutzten Zugang zur Volkswirtschaftslehre. Sie vermag Interesse an ökonomischen Zusammenhängen zu wecken, stärkt das Bewusstsein für Entwicklungen, schafft Transparenz im Wirrwarr sich bekämpfender Meinungen und wissenschaftlicher Positionen, gewährt eben Orientierung.

Der amerikanische Nationalökonom John Kenneth Galbraith brachte es auf den Punkt: „Wirtschaftswissenschaft lässt sich nicht verstehen, wenn das Bewusstsein ihrer Geschichte fehlt" (1988, S. 11). Da die Vergangenheit die Gegenwart mitbestimmt, ist es eben falsch, in der Geschichte nur Asche zu erkennen und die glimmende Glut zu übersehen. Das heißt mit anderen Worten: Wer das Heute der Volkswirtschaftslehre verstehen will, der darf das Gestern nicht ignorieren.

Wie angedeutet, ist der volkswirtschaftlichen Ideengeschichte ein unmittelbares Nützlichkeitsdenken fremd. Ein Überblick über die dogmenhistorische Positionen des ökonomischen Denkens hat vorzugsweise einen bildenden, einen orientierenden Charakter. Kenntnisse in volkswirtschaftlicher Theoriegeschichte produzieren eher die Fähigkeit zum Relativieren, auch zur Skepsis. Man erkennt leichter, dass das, was manchmal als „neuer Ansatz" daherkommt, in Wirklichkeit gar nicht so neu ist, man entgeht sozusagen der Gefahr, das Rad immer wieder neu zu erfinden. Die Beschäftigung mit der ökonomischen Ideengeschichte macht hellhörig, bescheiden und tolerant zugleich, auch sensibel gegenüber Ideologien mit ihren absoluten Geltungsansprüchen.

1.3.3 Förderung von Werthaltungen oder die Frage nach dem Sinn

Wenn in jüngster Zeit der Ruf nach ganzheitlicher Bildung lauter erschallt, vernetztes Denken beschworen wird, Schlüsselqualifikationen angemahnt werden und – immer vernehmlicher – eine wertbezogene Haltung reklamiert wird, dann ist unter den Teildisziplinen der Volkswirtschaftslehre die Theoriegeschichte am ehesten in der Lage, diesen Erwartungen zu entsprechen. Dabei steht die Frage der Wertorientierung in der Bildung im direkten Zusammenhang mit der Frage nach dem Sinn, wobei wir gleich hinzufügen müssen, dass sich im Mainstream der modernen Volkswirtschaftslehre mit der Geschichtsvergessenheit auch die Sinnfrage weitgehend verabschiedet hat.

Sinn in philosophischer Sicht hat bekanntlich zu tun mit der Zweckgerichtetheit, der Zweckdienlichkeit, der Zweckorientierung von geschichtlichen Prozessen, wobei es aber weniger um das teleologische Prinzip der Sachrichtigkeit in Bezug auf Aussagen über die Geeignetheit bestimmter Mittel zur Realisierung eines vorgegebenen Zieles geht, sondern letztlich um das ontologische Urteil über Seinsrichtigkeit. Es handelt sich also um Aussagen zu den Zielen selbst, insbesondere zum sogenannten Endzweck der Wirtschaft. Ausgangspunkt diesbezüglicher Bemühungen ist die Überzeugung, dass sich – angewiesen auf die äußere Erfahrung – die Frage nach dem Sinn zwar in den Naturwissenschaften verbietet, dagegen könne bei der vom Menschen geschaffenen Wirtschaft – mithilfe einer letztlich für alle Menschen gleichen inneren Erfahrung – auf einen allgemein verbindlichen Sinn der Wirtschaft geschlossen werden. Im Anschluss an v. Gottl-Ottlilienfeld hat man den Sinn aller Wirtschaft in der „Gestaltung menschlichen Zusammenlebens im Geiste dauernden Einklangs von Bedarf und Deckung" gesehen; moderner ausgedrückt, geht es um soziale Integration im Zuge der Bedarfsdeckung.

Kenner der ökonomischen Ideengeschichte werden sich an dieser Stelle unschwer daran erinnern, dass es im Kontext der aristotelischen Philosophie und im Vorfeld der Volkswirtschaftslehre einmal eine *oikonomia* gab, die sich besonders der Frage der Gerechtigkeit widmete. Angemahnt wurden dabei „natürliche" Grenzen des Besitzstrebens, die auf Einengung auf das zum „guten Leben" Notwendige; „Das Umgrenzte gehört zur Natur des Guten", heißt es in der Nikomachischen Ethik (vgl. dazu sowie zum ökonomischen Aspekt im frühchristlichen Denken und in der Scholastik: Kolb 2004, S. 3 ff.). Hingewiesen sei in diesem Zusammenhang auch auf die sozial-ethische Orientierung der Historischen Schule der Nationalökonomie und auf die in der Historismus-Nachfolge stehende und bis in die 1960er-Jahre des 20. Jahrhunderts reichende ontologische Bemühung um eine Theorie der zeitlosen Wirtschaft (vgl. Kolb 2004, S. 117 ff.). Gerade auch der für die Vermittlung von ökonomischer Bildung Verantwortliche sollte sich Gedanken machen „über die Sinnerfüllung der Volkswirtschaft insgesamt, über den Dienstcharakter seiner Spezialdisziplin innerhalb des umfassenden Wirtschaftsverständnisses, über verantwortliche Wirtschaftsgestaltung" (Nawroth 1965, S. 17).

Im November 2000 wurden auf einem gemeinsamen Bildungskongress von Deutscher Bischofskonferenz und Evangelischer Kirche in Deutschland zehn Thesen zur

Bildung formuliert. Dazu heißt es zu These 10: „In Zeiten der Beschleunigung werden stabilisierende, allgemein geltende Orientierungen und Maßstäbe zum knappen Gut und daher wertvoll. So müssen Bildungsinstitutionen ‚übernützliche' Inhalte im Blick haben, die der kollektiven Erinnerung und dem kulturellen Zusammenhalt dienen." (zitiert nach Forschung & Lehre 1/2001, S. 24) Für ökonomische Bildung bietet sich dazu – mit der Empfehlung des Blickes in den Rückspiegel – die volkswirtschaftliche Ideengeschichte an.

1.4 Literatur

Derbolav, J.: Wesen und Formen der Gymnasialbildung. Ein Beitrag zur Theorie der Wirtschaftsoberschule. Bonn 1957.
Deutsche Bischofskonferenz/EKD: Tempi – Bildung im Zeitalter der Beschleunigung. Forschung & Lehre, Heft 1/2000, S. 22–24.
Galbraith, J. K.: Die Entmythologisierung der Wirtschaft. Grundvoraussetzungen ökonomischen Denkens. Wien/Darmstadt 1988.
Kaminski, H.: Lehrplan-Analysen – ein Beitrag zur Situations-Analyse des Status der ökonomischen Bildung in Lehrplänen des Gymnasiums. In: Schlösser, H. J./Weber B.: Wirtschaft in der Schule. Eine umfassende Analyse der Lehrpläne für Gymnasien. Hrsg. von der Bertelsmann Stiftung. Gütersloh 1999, S. 11–30.
Klafki, W.: Art. Lehrerausbildung – Erziehungswissenschaft, Fachdidaktik, Fachwissenschaft. In: Roth, L. (Hrsg.): Handlexikon zur Erziehungswissenschaft. München 1976, S. 267–276.
Kolb, G.: Geschichte der Volkswirtschaftslehre. Dogmenhistorische Positionen des ökonomischen Denkens. München 2004.
Nawroth, E.: Zur Sinnerfüllung der Marktwirtschaft. Köln 1965.
Schlösser, H. J./Weber, B.: Wirtschaft in der Schule. a. a. O.

2 Die Vorläufer der Volks- und Betriebswirtschaftslehre

Es ist eine meist viel zu wenig beachtete Tatsache, dass der ökonomische Lebensbereich bereits sehr früh von entsprechenden Überlegungen begleitet war. Nur beispielhaft sei darauf hingewiesen, dass sich die wichtigsten Literaturwerke aus dem alten Ägypten mit ökonomisch-sozialen Konflikten befassen und dass sich bereits in den ältesten Bibel-Schriften ökonomische Bezüge ausmachen lassen.

2.1 Ansätze ökonomischen Denkens in der Antike

Obwohl die Suche nach Spuren des ökonomischen Denkens bei antiken Dichtern und Philosophen manchmal etwas mühsam ist und man sich davor hüten muss, den Vorläufern der Wirtschaftslehre Erkenntnisse zuzuschreiben, die sie möglicherweise nie gehabt haben, gibt es doch zumindest in der **griechischen Antike** ein paar Schriftsteller, die durch ökonomische und insbesondere wirtschaftsethische Betrachtungen hervortreten.

Im „Oikonomikos" des frühen griechischen Philosophen Xenophon (um 430– ca. 354 v. Chr.) geht es zwar vorzugsweise um einzelwirtschaftliche Fragestellungen in Bezug auf die Führung eines Haushalts und die Bewirtschaftung eines landwirtschaftlichen Betriebs, zugleich wurde aber auch auf die berufliche Arbeitsteilung im Zusammenhang mit Differenzierungen zwischen Stadt und Land abgehoben. Gesamtwirtschaftlich-fiskalische Themen klingen in seiner Abhandlung „Möglichkeiten der Beschaffung von Geldmitteln oder Über die Staatseinkünfte" an.

Platon (427–347 v. Chr.) stellt in den Mittelpunkt seiner Staatslehre die Tugend der sozialen Gerechtigkeit. Er befasst sich dabei allerdings nicht mit dem Problem der bald darauf so wichtig gewordenen Tauschgerechtigkeit, sondern mit dem Idealbild eines gerechten Staates, in dem jeder der Harmonie des Ganzen dient.

In jüngster Zeit wurde die „Ökonomik bei Platon" (so der Titel eines umfangreichen Buches von S. Föllinger, Berlin 2016) herausgestellt: In einer systematischen Untersuchung von Platons Texten wird dabei auf die allgemeinen Grundlagen von Platons Ökonomie, auf die Ansätze seiner Regulierungsvorschläge sowie auf die Verbindung zu modernen wirtschaftstheoretischen Reflexionen über den Homo oeconomicus eingegangen und auf die Bedeutung kultureller Faktoren für das wirtschaftliche Handeln des Individuums hingewiesen. Mit anderen Worten: Platons Überlegungen zur Ökonomik verdienen mehr Aufmerksamkeit. Bildungsgeschichtlich bemerkenswert ist auch, dass wir im Lehrplan der „Gesetze" (*nomoi*) das Lernziel finden, „Kenntnisse von denen wir behaupten, daß jeder soviel sich aneignen müsse, wie in bezug auf [...] das Hauswesen und die öffentlichen Geschäfte sich anzueignen nötig sei" (Platon 1968 [S. 178], 809c).

DOI 10.1515/9783110530476-005

Abb. 1: Platon (427–ca. 347 v. Chr.)

Anders als Platon, der mehr auf das Wesen einer Erscheinung abhebt, ist sein Schüler Aristoteles (384–322 v. Chr.) zusätzlich darauf bedacht, ihr Werden und manchmal auch ihre Beziehungen zu erfassen.

Mehr noch: „Was [...] Aristoteles von allen vorangehenden philosophischen Bemühungen [...] unterscheidet, liegt in der Art der veränderten Fragestellung. Aristoteles warf der bisherigen Philosophie, also hauptsächlich Platon und Sokrates vor, dass sie nur nach Wissen trachtete und auch nur Wissen brachte, während es doch um die wirkliche Praxis des Menschen ginge" (Baruzzi, zitiert nach Flashar et al. 1992, S. 13). Wohl deshalb nimmt die Ökonomik im philosophischen Werk des Aristoteles einen gradual höheren Stellenwert ein, der sich vor allem im 1. Buch der Politik und im 5. Buch der Nikomachischen Ethik niederschlägt. Es handelt sich aber lediglich um einen Aspekt der Ökonomik, denn selbstverständlich wurde in der Antike die Wirtschaft niemals als eigenes wissenschaftliches Erkenntnisobjekt analysiert. Die Ökonomik stellte neben der Rhetorik allenfalls eine Art Hilfsdisziplin der aus Politik und Ethik bestehenden „praktischen Philosophie" dar. Dabei bezog sich die *oikonomia* auf das Führen eines *oikos* (= Haus, Haushalt) und auf die als zugehörig empfundene Landwirtschaft. Etwas vereinfacht ausgedrückt, lässt sich ihr Gegenstand als eine auf Bedarfsdeckung ausgerichtete Haushalts-, Familien- oder Gutswirtschaft kennzeichnen.

Abb. 2: Aristoteles (384–322 v. Chr.)

Wichtig in diesem Zusammenhang ist die Unterscheidung des um Bedarfsdeckung bemühten „natürlichen" Erwerbsstrebens von der auf unbegrenzte Reichtumsvermeh-
rung ausgerichteten Chrematistik (= Bereicherungskunst). Dies kommt insbesondere
zum Ausdruck in der Differenzierung zwischen dem durchaus als naturgemäß angesehenen Warentausch, sofern er sich als lebensnotwendig für die Haushaltsführung
erweist, und der als naturwidrig empfundenen, auf unersättlichen Reichtum zielen-
den „gewinnsüchtigen Erwerbskunst" der gewerbsmäßigen Händler (vgl. Aristoteles
1991, S. 23 ff. (1257a, b)). Wirtschaftlich bedeutete in erster Linie natürlich, zweckmäßig, eben haushälterisch, keinesfalls aber rentabel bzw. gewinnbringend. Angemahnt
werden „natürliche" Grenzen des Besitzstrebens, die Einengung auf das zum „guten
Leben" Notwendige: „Das Umgrenzte gehört zur Natur des Guten." (Aristoteles 1983,
S. 211 (1170a))

Außerdem unterschied Aristoteles klar zwischen Gebrauchswert und Tauschwert
und stellte die Faktoren der Nützlichkeit und der Seltenheit heraus. Ausgehend vom
Phänomen der Bedürfnisse kam der Philosoph zu einer rein subjektiven Theorie des
wirtschaftlichen Wertes. Auch das Paradoxon der klassischen Werttheorie, wonach
Güter mit dem höchsten Gebrauchswert (Wasser) kaum einen Tauschwert und umgekehrt Güter mit niedrigem Gebrauchswert (Diamanten) einen hohen Tauschwert
besitzen, ist zumindest angedacht. Was die Einführung des Geldes anbelangt, macht
sich Aristoteles eine rationalistische Erklärung zu eigen. Zugleich hat er bereits die
„Triade des Geldes" (vgl. Hicks 1937) erkannt, denn neben der Funktion des Geldes
als allgemeines Tauschmittel finden bei ihm auch die Funktionen der Wertaufbewah-
rung und der Recheneinheit Beachtung. Ein Verdikt mit geradezu fataler Wirkung –

und zwar vom Altertum übers Mittelalter bis zum Beginn der Neuzeit – trifft den Geld-
verleih gegen Zinsen, von Aristoteles schlechthin mit „Wucher" gleichgesetzt.

Was die Frage der Gerechtigkeit – den normativen Fixpunkt bei den Vorläufern der
Volkswirtschaftslehre schlechthin – angeht, wird zwischen der verteilenden und der
ausgleichenden Gerechtigkeit unterschieden. Dabei handelt es sich um Kennzeich-
nungen, die mit den heute gängigen Termini Verteilungs- und Leistungsgerechtigkeit
eher schlecht als recht umschrieben werden. Die verteilende (zuteilende, austei-
lende) Gerechtigkeit, die *iustitia distributiva*, verfolgt nicht notwendigerweise das
Gleichheitsprinzip, sondern sieht in erster Linie auf Status, Ansehen und Verdienst.
Im Gegensatz dazu setzt die ausgleichende (regelnde, kommutative) Gerechtigkeit,
die *iustitia commutativa*, im Bereich der vertraglichen, also freiwilligen, aber auch der
unfreiwilligen (z. B. Diebstahl) Beziehungen zwischen den Menschen durchaus auf
Gleichbehandlung.

Bei den von der **römischen Antike** gelieferten Beiträgen zur Ökonomik können
wir uns kürzer fassen, denn im Imperium Romanum bemühte man sich kaum um
eine Reflexion des ökonomischen Geschehens. Lediglich der Landwirtschaft und dem
Recht wurde spezielles Interesse entgegengebracht.

So befasste sich eine Reihe von sogenannten Landbauschriftstellern mit agrar-
betriebswirtschaftlich relevanten Fragen. Wohl am bekanntesten ist das um 160 v. Chr.
entstandene Werk „De agricultura" von Cato dem Älteren (234–149 v. Chr.). Um
37 v. Chr. kam Varro (116–27 v. Chr.) in seiner Schrift „Rerum rusticarum libri tres"
zu der Erkenntnis, die Wahl der rentabelsten Nutzungsart eines Grundstücks hänge
unter anderem von der Entfernung zum Markt ab, insofern kündigt sich hier erstmals
so etwas wie eine landwirtschaftliche Standortlehre an.

Aus dem römischen Recht, das sich von der Mitte des 5. Jahrhunderts v. Chr. bis
zur Mitte des 6. Jahrhunderts n. Chr. entwickelte, lässt sich zwar nur unter Vorbe-
halt eine römische Wirtschaftslehre ableiten, jedoch kam es über die Klärung von
Begriffen und Definitionen zu einer auch für unsere Disziplin durchaus förderlichen
Ansammlung von Basiswissen in Bezug auf Privateigentum, Tausch, Preis, Wert, Geld,
Darlehen usw.

2.2 Ökonomisches Denken im Mittelalter

Was ökonomisches Denken im Mittelalter angeht, ergibt sich zunächst die Feststellung, dass im Zuge einer teilweisen Rückentwicklung zur Naturaltauschwirtschaft das
Interesse an wirtschaftlichen Fragen bis zum Beginn des 2. Jahrtausends wohl eher
abnahm. Auch in der sich vorzugsweise an Platon und an den Kirchenlehrer Augusti-
nus anlehnenden Frühscholastik (9.–12. Jahrhundert) finden sich kaum nennenswerte
wirtschaftsbezogene Äußerungen. Dies änderte sich grundlegend in der das 13. Jahrhundert prägenden Periode der **Hochscholastik**. Hier waren es vor allem Albertus
Magnus (1193–1280) und Thomas von Aquin (1225–1274), die – aufbauend auf der ari-

stotelischen Philosophie – im Rahmen ihrer theologisch-philosophischen Arbeiten ökonomische Sachverhalte aufgriffen. Ihre Aussagen zielen zwar nicht auf ökonomische Zusammenhänge, schon gar nicht auf wirtschaftliche Gesetzmäßigkeiten, sondern auf die Kompatibilität ökonomischer Erscheinungen mit der theologischen Lehre. Bestimmt von einer normativen wirtschaftsethischen Sichtweise und ausgerichtet auf die Tugend der Gerechtigkeit, resultiert daraus die als „klassisch" zu bezeichnende Lehre vom gerechten Preis und die Frage des Zinsverbots.

Bei der Suche nach dem *iustum pretium* geht es letztlich um das Wohl der Gemeinschaft. Um Gleichheit zwischen Leistung und Gegenleistung zu wahren, müssen nach Albertus Magnus gleiche Mengen von Arbeit und Kosten (*labores et expensae*) gegeneinander ausgetauscht werden. Neben diesen objektiven Kriterien der Produktionskosten wird aber auch und gerade auf das subjektive Moment des Bedürfnisses abgehoben. Ihre höchste Entfaltung fand die Lehre des gerechten Preises in der „Summa theologica" des Thomas von Aquin, jenem Werk, für welches Schumpeter die Metapher prägte, es stelle in der Geistesgeschichte das dar, „was der Südwestturm der Kathedrale von Chartres in der Geschichte der Architektur ist" (1965, S. 116). Kennzeichnend für das organische bzw. evolutorische Denken des Aquinaten ist das Primat der distributiven vor der kommutativen Gerechtigkeit innerhalb der staatlichen, als gefügemäßiger Organismus aufgefassten Gemeischaft.

Deshalb spielt bei ihm die standesmäßige Position des Produzenten die entscheidende Rolle für den Wert eines Gutes. Ebenso wird die Frage des gerechten Lohnes beantwortet, wobei die Sicherung eines standesgemäßen Unterhalts das zentrale Kriterium bildet.

Das schlechthin zum Kennzeichen mittelalterlicher ökonomischer Denkbemühungen gehörende Thema „Zinsverbot" hat – ähnlich wie die Lehre vom gerechten Preis – einen bis in die antike Philosophie zurückreichenden Vorlauf. Zugleich konnte auf Aussagen der Bibel und der Kirchenväter sowie auf Beschlüsse mehrerer Konzile zurückgegriffen werden. Bei Thomas von Aquin bezieht sich das Verdikt der als Wucher gebrandmarkten ungerechtfertigten Bereicherung durch Zinsnahme gleichermaßen auf den Konsumtiv- und den Produktivkredit, wobei eine an vielen Stellen geradezu rabulistische Auslegung der Zinsfrage festzustellen ist (siehe dazu im Einzelnen und zur Weiterentwicklung der Preislehre und des Problems des Zinsverbots im ausgehenden Mittelalter Kolb 2004, S. 11 ff.).

In der **Spätscholastik** (14. und 15. Jahrhundert) kündigte sich allmählich eine Emanzipation des wissenschaftsorientierten Denkens von den theologischen Vorgaben an, vor allem rückte die Frage nach dem Wesen und dem Wert des Geldes in den Mittelpunkt des ökonomischen Interesses. Es entbehrt dabei nicht einer gewissen Kuriosität, dass es ausgerechnet der spätere Bischof von Lisieux, Nicole Oresme (1320–1382), war, der mit seinem um 1355 entstandenen „Traktat über Geldabwertungen" („Tractatus de origine, natura, jure et mutationibus monetarum") eine Münztheorie vorgelegt hat, welche gelegentlich sogar als erste volkswirtschaftliche Fachschrift bezeichnet wird. Der Rang dieses Traktats wird sicherlich nicht geschmälert durch die Feststellung, dass das Bemühen des Oresmius primär geldpolitisch ausgerichtet war. Und selbst wenn zugestanden werden mag, dass der Autor über die wissenschaftlichen Erkenntnisse seiner ökonomisch interessierten Vorgänger kaum hinausgekommen ist (das Geldmengenproblem wurde wohl nur erahnt), so wurde mit dieser Schrift über das Münzwesen eben doch der „erste Schritt zur Loslösung der Ökonomik aus dem bergenden, aber auch einengenden Gehäuse der systematischen Theologie, Ethik und Politik [getan]" (Salin 1967, S. 40).

Seltsam erscheint auch die Tatsache, dass zu den Vorläufern der Betriebswirtschaftslehre wiederum ein von einem Theologen verfasstes Werk über die doppelte Buchhaltung gehört: Luca Pacioli (geb. 1445), Franziskanermönch aus der Toskana, beschrieb in der 1494 in Venedig erschienenen „Summa de arithmetica, geometria, proportioni et proportionalita" die von den venezianischen Kaufleuten praktizierte doppelte Buchführung. Dieter Schneider verweist darauf, dass Paciolis Darstellung in vielem hinter dem zurückbleibt, „was schon mehr als hundert Jahre zuvor oberitalienische Kaufleute praktizieren: Die Rechnungsbücher der Finanzverwalter der Stadt Genua, ab 1340 erhalten, sind unbestritten in doppelter Buchhaltung geführt." (2001, S. 78) Es könnte durchaus sein, dass die doppelte Buchhaltung auch schon zuvor angewandt wurde, allerdings gingen die Meinungen darüber auseinander, weil über Merkmale gestritten wurde, welche die doppelte Buchführung kennzeichnen (vgl. Schneider 2001, S. 78).

Sieht man einmal von der Doppik ab, kann man die Anfänge des Rechnungswesens sogar schon in den Hochkulturen Mesopotamiens ausmachen, darauf weisen Tonfunde hin: 1959 berichtete der Chicagoer Assyriologe Leo Oppenheim in seinem Aufsatz „Über ein Buchhaltungssystem in der mesopotamischen Bürokratie" etwa ab dem vierten vorchristlichen Jahrtausend. Aufgrund des Fundes einer Tonbulle mit 48 kleinen Steinen stellte Oppenheim die Hypothese auf, es handle sich um „Mittel einer primitiven Buchhaltungstechnik für bürokratische Zwecke" (Spalt 1986, S. 31), wobei die Aufzeichnung der Geschäfte einer Wirtschaftsverwaltung ohne Zuhilfenahme schriftsprachlicher Mittel ermöglicht sein könnte, und zwar „durch eine geeignete Bewegung von Steinen in markierten Behältern." (Spalt 1986, S. 31) Der Zweck der hohlen versiegelten Tonkugeln könnte es dann gewesen sein, „in streng kontrollierter Weise solche Zählsteine zwischen verschiedenen Buchführungsinstanzen zu bewegen, also detaillierte Information in nicht schriftsprachlicher Form zu übertragen." (Spalt 1986, S. 31) Freilich ist es bis heute umstritten, ob „im gesamten nahöstlichen Großraum über sechs bis sieben Jahrtausende ein einziges, allgültiges Tonmarkensystem existierte" (Spalt 1986, S. 31).

Zu den Vorläufern der Betriebswirtschaftslehre gehören aber auch jene Kameralisten, denen es, meist aufgrund eigener Berufserfahrung, darum ging, persönlich betriebliche Empfehlungen für Kaufleute abzugeben bzw. vorhandene Wissensbestände zu sammeln im Sinne der Enzyklopädisten jener Zeit der Aufklärung. Darüber hinaus hatten sie meist auch eine gute kaufmännische Ausbildung im Visier. Ohne Anspruch auf Vollständigkeit seien genannt:

- Johann Michael Leuchs (1763–1836), Nürnberger Kaufmann und Handelsschul-direktor, der sich um eine gute kaufmännische Berufsausbildung bemühte. Er schrieb unter anderem das erstmals 1791 erschienene zweibändige Werk „System des Handels."
- Paul Jacob Marperger (1656–1730), der sich beruflich unter anderem in Lyon, Wien, Stockholm, St. Petersburg und Moskau betätigte. Er zählt laut „Deut-sche Biographische Enzyklopädie (DBE)" „zu den produktivsten, meistgelesenen Autoren des deutschen Kameralismus" (1997, S. 628). 1704 publizierte er „Neu eröffnetes Kauffmanns-Magazin", 1705 „Moscowitischer Kauffmann".
- Johann Georg Büsch (1728–1800) war Direktor der Hamburger Handelsakademie. Er sollte wegen seiner umfangreichen handelswissenschaftlichen Bestandsauf-nahme wenigstens genannt werden, ohne seine zahlreichen Schriften im Einzel-nen herauszustellen.
- Größere Bedeutung hatte Carl Günther Ludovici (1707–1778). Er war Professor der Weltweisheit im Sinne von Vernunftlehre in Leipzig und gilt als der erste Geschichtsschreiber der Handelsbetriebslehre, die handelskundlichen Sammel-werke des 18. Jahrhunderts bezeichnete er als „Handlungswissenschaft" (Schnei-der, D. 2001, S. 131). „Handlung" kann dabei wohl (wie Erich Schäfer 1966, S. 13 vermerkt) als kaufmännisches Unternehmen gedeutet werden. Ludovicis ab 1752 erschienenes Kompendium „Eröffnete Akademie der Kaufleute oder vollständiges Kaufmanns-Lexikon" sollte mit der Kennzeichnung „eröffnet" signalisieren, dass es sich nicht mehr um kaufmännisches Geheimwissen handelt. Schneider ver-weist in Bezug auf die kaufmännische Morallehre auf die Wurzeln in der antiken Ökonomik; dort findet er das „ethisch gebundene vernünftige Gestalten beim Handeln" vorgeprägt, jetzt aber nicht mehr beschrieben für die Landwirtschaft oder einzelne Handwerke, und in der „Handlungswissenschaft" „verbunden mit dem sammelnden Drang der Aufklärungszeit zu umfassenden Gesamtdarstellun-gen" (Schneider 2001, S. 131).

Als Meilenstein im Vorlauf zur Betriebswirtschaftslehre und als das Glanzlicht der handlungswissenschaftlichen Literatur erschien 1675 „Le parfait négociant" (der deutsche Titel lautete 1676 „Der vollkommene Kauff- und Handelsmann"). Savary war zunächst als Kaufmann im Tuchgroßhandel tätig und wechselte dann in die könig-liche Domänenverwaltung. Er wurde mehrfach als Gutachter (z. B. die Beseitigung von Missständen im Handel betreffend) und als Schiedsrichter in Streitfragen des Handels-rechts herangezogen. Colbert berief ihn zum Mitglied des „Conseil" zur Reform des Handelsrechts. Daraus ging das erste umfassende Handelsgesetzbuch hervor, die „Or-donnance de Louis XIV pour le commerce", gelegentlich auch „Code Savary" genannt.

„Le parfait négociant" gilt auch als Standardwerk der kaufmännischen Erzie-hungslehren, allerdings ist die Stufenkonzeption der Ausbildung zum Handelskauf-mann (vom Kind und seiner späteren Eignung zum Kaufmann über den Lehrling und den Gehilfen zum Unternehmer) doch sehr langatmig geraten.

In Savarys in mehrere Sprachen übersetztem Werk wird das kaufmännische Wissen seiner Zeit präsentiert und in eine systematische Ordnung gebracht, dabei wird vor allem auch die Nützlichkeit des Handels herausgestellt und die Bedeutung des Groß- und Außenhandels betont. Savary geht es um die Überwindung der Unwissenheit im kaufmännischen Bereich und dabei um Empfehlungen, wie ein Kaufmann auf ehrliche Weise reüssieren kann, sodass das merkantilistische Ziel im Sinne Colberts zum Gedeihen des heimischen Gewerbes erreicht werden kann (siehe dazu auch Kapitel 3).

2.3 Hauslehre und Berufsidee im Zeitalter des Humanismus und der Reformation

Der Leitgedanke des Humanismus „Zu den Quellen!", also der Rückgriff auf die griechischen und lateinischen Quellen der Wissenschaft, verbunden mit der Tatsache, dass **Philipp Melanchton** (1497–1560), der „Praeceptor Germaniae", im Großen und Ganzen an der aristotelischen Philosophie festhielt, vermittelte auch weiterhin den Aspekt der Ökonomik innerhalb der gelehrten Bildung. Hinzu kommt, dass es in Italien, dem Ursprungsland des Humanismus, zu einer bemerkenswerten Weiterentwicklung der antiken Ökonomik kam.

> Von hier aus entwickelte sich eine neue Erziehungslehre, die bald einen entscheidenden Einfluß auf die Neuformung des adeligen Menschenbildes in Europa erlangen sollte. Als Folge des Verfalls der Schulen und Universitäten zu Beginn des 15. Jahrhunderts und der zunehmenden Neigung der italienischen Fürsten, ihre Kinder privat erziehen zu lassen, entwickelte sich in Italien eine reiche pädagogische Literatur, die sich um eine Reform des gesamten menschlichen Lebens im Sinne der neuen Bildungsideale bemühte. Das besondere Interesse galt dabei dem Familienhaushalt, den man gleichsam als die Keimzelle des Staates ansah und dessen harmonische Ordnung die Voraussetzung für ein vollkommenes Staatswesen zu sein schien. (Tschammer-Osten 1973, S. 34)

Demgegenüber hat der deutsche Humanismus trotz seiner vorwiegend pädagogischen Zielrichtung nicht zur Schaffung eigener Hauslehren beigetragen.

> Erst infolge der Reformation, die mit ihrer Vorstellung von den drei heiligen Ordnungen des gesamten gesellschaftlichen Lebens – nämlich der Kirche (status ecclesiasticus), dem Gemeinwesen (status politicus) und dem Hauswesen (status oeconomicus) – zu einer neuen Wertschätzung des häuslichen Lebens beitrug, kam es zwischen dem 16. und 17. Jahrhundert zum Entstehen einer Fülle von umfassenden Hauslehren. (Tschammer-Osten 1973, S. 44)[1]

---

1 Die so entstandene sogenannte deutsche Hausväterliteratur ist ein später Ausläufer der älteren Ökonomik und verbindet die Lehre vom Haus mit der Agrarlehre. „Die Hausväterliteratur ist – wie wir heute sagen würden – eine führungsorientierte Einzelwirtschaftslehre bzw. Managementlehre des privaten Haushaltes." (Tschammer-Ostern 1973, S. 47)

Eine zwar nicht unmittelbar schulische, aber doch weitreichende pädagogische Wirkung hatte der durch die Reformation ausgelöste Wandel bezüglich der zunehmenden Wertschätzung von Arbeit und Beruf.

> Während für das Mittelalter die weltliche Alltagsarbeit sittlich-religiös sozusagen indifferent wie Essen und Trinken war und eben nur toleriert wurde und während die Renaissance auch von beruflichen Bindungen wegstrebt und zu ihrer Idee des Selbstgenußes und des Auslebens der Individualität eigentlich der Typ des berufslosen Menschen gehört, kommt es im Protestantismus gerade auf die Bewährung und Verwurzelung in dieser profanen Arbeitswelt an. Die Lebensstellung, die Arbeit, der Beruf des Menschen erhält dadurch eine religiöse Weihe und wird zu einer „Berufung" mit tiefem religiösen Sinn.
> (Reble 1967, S. 76)

Diese von **Luther** entwickelte Berufsidee ist im Zusammenhang mit der Rechtfertigungslehre zu sehen.

> Das theologische Problem bestand darin, wie eine christliche Ethik möglich sei, nachdem die radikale Inkommensurabilität zwischen den menschlichen Werken und Gottes Anspruch statuiert war. Wenn alles das, was der Mensch tun mochte, vor Gott nichtig war, wenn – von Gott aus gesehen – nur der Glaube „sola fides [sic!]", das Leben heiligen konnte, wo lag da noch ein Motiv für tugendhafte Anstrengungen und Askese?
> (Blankertz 1969, S. 28)

Luthers Antwort darauf war seine Lehre vom Beruf. „Der Beruf galt ihm als das Feld, auf welches Gott kraft seines weltlichen Regiments den Menschen stellt. Die Werke, die der Christ auf diesem Feld verrichtet, sind gut, weil sie von Gott geboten sind" (Blankertz 1969, S. 29). Wohl noch weitreichender ist die Berufsauffassung von **Calvin** (1509–1564), in dessen Prädestinationslehre der berufliche Erfolg als Auserwählungszeichen erscheint. Ohne Zweifel sind durch die reformatorische Berufsidee Tugenden, wie z. B. Arbeitseifer, Pflichtauffassung, Strebsamkeit und Berufstreue, begründet worden. Erst durch die Aufklärung (nach Kant 1784: „[...] Ausgang des Menschen aus seiner selbst verschuldeten Unmündigkeit") kam es dann im folgenden Zeitalter des Absolutismus/Merkantilismus zu einer Säkularisierung der Berufsidee.

2.4 Literatur

Aristoteles: Nikomachische Ethik. Übers. u. kommentiert von F. Dirlmeier. Berlin 1983 (= Aristoteles Werke, hrsg. v. H. Flashar, Band 6).

Aristoteles: Politik, Buch I. Übers. u. erl. von E. Schütrumpf. Darmstadt 1991 (= Aristoteles Werke, hrsg. v. H. Flashar, Band 9, Tl. I).

Dörschel, A.: Geschichte der Erziehung im Wandel von Wirtschaft und Gesellschaft, Berlin 1972.

Flashar, H. et al.: Aristoteles und seine „Politik". Düsseldorf 1992.

Föllinger, S.: Ökonomik bei Platon. Berlin 2016

Kolb, G.: Geschichte der Volkswirtschaftslehre. Dogmenhistorische Positionen des ökonomischen Denkens. München 2004.

Oresme, N.: Tractatus de origine, natura, jure et mutationibus monetarum (ca. 1355). In: Schroer, E. (Hrsg.): Traktat über Geldabwertungen. Jena 1937.

Pacioli, L.: Summa de arithmetica, geometria, proportioni et proportionalita. Venedig 1494.

Penndorf, B.: Lucas Pacioli. Abhandlung über die Buchhaltung 1494. Stuttgart 1933. Reprint: Stuttgart 1992.

Platon: Nomoi. Nach der Übersetzung von H. Müller mit der Stephanus-Nummerierung. Hrsg.: Otto, W. F./Grassi, E./Plamböck, G., Reinbek 1968 (Rowohlts Klassiker der Literatur und der Wissenschaft: Griechische Philosophie. 7).

Salin, E.: Politische Ökonomie. Geschichte der wirtschaftspolitischen Ideen von Platon bis zur Gegenwart. Tübingen/Zürich 1967.

Savary, J.: Le parfait négociant, ou instruction générale pour ce qui regarde le commerce. Paris 1675. Faksimile-Ausgabe, Düsseldorf 1993.

Savary, J.: Der vollkommene Kauff- und Handelsmann [...]. Genf 1676.

Schäfer, E.: Grundfragen der Betriebswirtschaftslehre. In: Handbuch der Wirtschaftswissenschaften (hrsg. von K. Hax und Th. Wessels). Band I: Betriebswirtschaft. Köln-Opladen 1966, S. 9–42.

Schneider, D.: Betriebswirtschaftslehre. Band 4: Geschichte und Methoden der Wirtschaftswissenschaft. München 2001.

Schumpeter, J. A.: Geschichte der ökonomischen Analyse. Erster Teilband. Göttingen 1965.

Spalt, Detlef D.: Wie die Alten zählten. Die Anfänge des Rechnungswesens in den Hochkulturen Mesopotamiens. Frankfurter Allgemeine Zeitung vom 5. Februar 1986, Nr. 30, S. 31.

Thomas von Aquin: Summa theologica. Band 18: Recht und Gerechtigkeit (II–II 57–79). Heidelberg et al. 1953.

Tschammer-Osten, B.: Der private Haushalt in einzelwirtschaftlicher Sicht. Prolegomena zur einzelwirtschaftlichen Dogmengeschichte und Methodologie, Berlin 1973.

3 Der Merkantilismus

Als „système mercantile" (abgeleitet von lat. *mercari* = handeln) bezeichnete wohl zuerst der Gründer der physiokratischen Lehre, François Quesnay, jene „Wirtschafts-politik und -theorie des absolutistischen Staates" (Bürgin 1961, S. 308), welche die **Epoche des Frühkapitalismus** kennzeichnet. Wenn als Beginn des Merkantilismus gelegentlich das Jahr der Entdeckung Amerikas (1492) und als sein Ende der Zeitpunkt der amerikanischen Unabhängigkeitserklärung (1776) genannt werden, dann einmal wegen der in Gang gekommenen Ausbeutung von Edelmetallen in Übersee, zum ande-ren wegen der durch die Loslösung der 13 englischen Kolonien an der Ostküste Nord-amerikas eingeleiteten Beendigung der merkantilistischen Politik seitens des „Mutter-lands". Zudem fällt das Jahr der Unabhängigkeitserklärung mit dem Erscheinungsjahr von Adam Smiths „Wealth of Nations" zusammen.

3.1 Grundlagen und Zielsetzung merkantilistischer Wirtschaftspolitik

Der Merkantilismus wendet sich gegen den mittelalterlichen Universalismus, „der den unterschiedlichsten sozialen und wirtschaftlichen Gebilden den Stempel der geisti-gen Zusammengehörigkeit und gegenseitigen Zuordnung aufzudrücken vermochte" (Bürgin 1961, S. 308). Konnte man zuvor von einer organischen Gemeinschaft ausge-hen, so wurde sie nun von einer „mechanischen" abgelöst. Kennzeichnend ist zudem das Machtmoment, die Suprematie des Staates über die Wirtschaft, wobei das Indivi-duum durch staatliche bzw. nationalwirtschaftliche Erfordernisse eingebunden wird. Hinzu kommt das Moment der Expansion, womit sich die Gravitationszentren nach der Entdeckung der Neuen Welt aus dem Mittelmeerraum an die Atlantikküste ver-lagerten.

Als Leitbild gilt – getreu dem machiavellistischen Grundverständnis von Politik als Kunst des Machterwerbs und der Machtbehauptung – das Streben nach politischer und militärischer Macht mittels **Förderung der heimischen Produktivkräfte**. Die zentrale Frage, woraus der Reichtum der Nationen resultiere, wurde gemäß dem Ti-tel von Thomas Muns „England's Treasure by Forraign Trade" mit Außenhandel bzw. Exportüberschuss beantwortet. Mittels einer aktiven Handelsbilanz sollten Edelme-talle zur Finanzierung des entstehenden Berufsbeamtentums, der Söldnerheere, der nicht zu gering zu gewichtenden Luxusausgaben der Hofhaltung und – von besonde-rem Rang – der wirtschaftsstrukturpolitischen Maßnahmen zur Förderung von Han-del und Verkehr sowie von großgewerblichen Betriebsformen (Verlag, Manufaktur) ins Land gebracht werden. Gleichzeitig ging es darum, durch die Zufuhr von Edel-metallen die einer politischen und wirtschaftlichen Integration entgegenstehenden naturalwirtschaftlichen Beengungen zu überwinden.

DOI 10.1515/9783110530476-006

3.2 Merkantilistische Theorieansätze

Wenn weitgehend Einigkeit darüber besteht, dass Wissenschaft über einen bestimmten thematischen Bereich Erkenntnisse in methodischer Weise gewinnt, systematisch
ordnet und durch Sprache vermittelt (zu den wissenschaftstheoretischen Grundlagen
der Volkswirtschaftslehre siehe im Einzelnen Kolb 2012, S. 1–30), dann mangelt es den
merkantilistischen Theorieansätzen zwar weithin an der Beachtung der beiden zuerst genannten Kriterien. Dennoch beinhaltet die merkantilistische Literatur mehr als
nur ein zusammenhangloses Nebeneinander von Tatsachenbeschreibungen und wirtschaftspolitischen Empfehlungen. Nach einer Interpretation von Wendt ist sie nämlich durch folgende Grundauffassungen geprägt:
- „Die Wirtschaft erscheint grundsätzlich als eine Aufgabe zur Gestaltung menschlichen Zusammenlebens und somit als ein Feld politischer Einwirkung."
- Gesucht wird nach Bedingungen und Mitteln, die die Entfaltung der wirtschaftlichen Kräfte begünstigen; insofern können „zahlreiche Gedanken [...] als eine
  Theorie der wirtschaftlichen Entwicklung gedeutet werden" (Wendt 1968, S. 17).

Aus dem Blickwinkel solcher Erkenntnisbemühungen lassen sich dann im Wesentlichen zwei ökonomische Lehren des Merkantilismus unterscheiden, eine Geldlehre
und das Theorem von der aktiven Handelsbilanz.

Was die **Geldlehre** angeht, waren die merkantilistischen Autoren – entgegen der
allenfalls vereinzelt bei einigen Frühmerkantilisten beobachtbaren Gleichsetzung von
Geld mit Reichtum – in der Mehrzahl bemüht, den Umlauf des Geldes zu propagieren
und dementsprechend die Geldhortung zu verurteilen. Dass dieses Verdikt der The-
saurierung gerade auch einzelwirtschaftlich zu gelten habe, machte Johann Joachim
Becher in einem noch handschriftlich erhaltenen Referat aus dem Jahr 1674 am Beispiel eines reichen Mannes deutlich, „der 20.000 Rhtl. in seiner Kisten tod liegen hat
und sich hingegen sechs Jahr mit einem alten zerrissenen Kleid behülfft und sein gelt
dem bono publico zum besten nie unter die Leut kommen lässt" (zitiert nach Hassinger 1951, S. 111).

Tatsächlich hoben die Merkantilisten, was das Wesen des Geldes angeht, unverkennbar auf die Funktionen als Tauschmittel, als Recheneinheit und als Wertmaßstab
ab. Zugleich entstand in der zweiten Hälfte des 16. Jahrhunderts als Geldwertlehre
die zunächst einfache (rohe, naive) **Quantitätstheorie**, und zwar vor dem Hintergrund der aus der Neuen Welt zuströmenden großen Mengen an Edelmetallen,
welche in Europa eine als „Preisrevolution" bezeichnete große Teuerung auslösten.
Diese Quantitätstheorie, als deren Begründer der französische Staatsrechtslehrer
Jean Bodin angesehen wird, behauptet, dass sich die Güterpreise direkt proportional
mit der Geldmenge verändern bzw. dass Geldmenge und Geldwert im umgekehrten
Verhältnis zueinander stehen. Ende des 16. Jahrhunderts wurde diese Auffassung
auch von Davanzati vertreten und im 17. Jahrhundert unter anderem von Mun und
Montanari aufgegriffen. John Locke machte in seiner 1668 verfassten, aber erst 1692

veröffentlichten Schrift „Some Considerations of the Consequences of the Lowering of Interest, and Raising the Value of Money" als einer der Ersten auf die Bedeutung der Umlaufgeschwindigkeit des Geldes aufmerksam, eine Erkenntnis, die später von Richard Cantillon vertieft wurde.

Nun müsste man ja nach der Quantitätstheorie folgern, dass die propagierte Zunahme der umlaufenden Geldmenge und der Umlaufgeschwindigkeit des Geldes bei zumindest nicht sofort gleichziehender Erhöhung des Güterangebots zu Preissteigerungen führt und sich damit – eigentlich kontraproduktiv – die Exportchancen eines Landes immer mehr verschlechtern. Tatsächlich gingen die merkantilistischen Autoren jedoch, zumal in England und in den deutschen Territorien, von einer unterbeschäftigten Wirtschaft aus, sodass bei Ansteigen der kaufkräftigen Nachfrage ein Wachstum ohne nennenswerte Preiserhöhungen angenommen werden konnte. Im Jahr 1576, exakt 200 Jahre vor Erscheinen des Smith'schen „Wealth of Nations", arbeitete Jean Bodin in seinem Hauptwerk „Les six livres de la république" die Grundlinien des Theorems von der aktiven Handelsbilanz heraus. Er empfahl Ausfuhrzölle auf Waren, deren das Ausland dringend bedarf, Ausfuhrverbote für Rohstoffe, dagegen einen nur niedrigen Einfuhrzoll auf benötigte Rohstoffe, aber hohe Importzölle auf ausländische Fertigprodukte. Später wurden diese Maßnahmen, die den „Reichtum" eines Landes fördern sollten, ergänzt durch die Empfehlung weiterer außenwirtschaftspolitischer Mittel, wie Kontingentierungen, Gewährung von Subventionen, Steuerprivilegien und Produktionsmonopolen an Unternehmer, Vergabe von Privilegien an international operierende Handelskompanien, koloniale Expansionsbemühungen bis hin zur Bereitschaft, Handelskriege auszutragen. Dieses – noch nicht einmal erschöpfend dargestellte – Instrumentarium der Wirtschaftslenkung durch den Staat muss im Licht der merkantilistischen Grundeinstellung gesehen werden, wonach ein Land im Wesentlichen nur auf Kosten eines anderen Vorteile erlangen kann.

Aufbauend auf der merkantilistischen Geldlehre erlangte das Handelsbilanz-Theorem vor allem bei englischen Autoren einen zentralen Stellenwert. Dabei schlug sich der bullionistische Standpunkt (Edelmetallausfuhrverbot) in England bis weit ins 17. Jahrhundert in einer äußerst rigiden staatlichen Reglementierung jedes einzelnen Außenhandelsgeschäfts nieder – und zwar musste der gesamte Zahlungsverkehr mit dem Ausland über den „King's Exchanger" abgewickelt werden, einen Vorläufer der modernen Devisenüberwachung (vgl. Blaich 1973, S. 86). Diese verengte Sicht wurde jedoch schon von Thomas Mun in seinem 1630 verfassten, aber erst 1664 veröffentlichten Traktat dahingehend überwunden, dass nun die Gesamtbilanz des Außenhandels eines Landes als Maßstab des Erfolgs diente und nicht mehr die einzelnen länderbezogenen Handelsbilanzen einen Aktivsaldo aufweisen mussten. Mun fasste diese globale Maxime in die Worte „to sell more to strangers yearly than wee consume of theirs in value" (1664, S. 11).

3.3 Nationale Spielarten des Merkantilismus

Mit „Kommerzialismus", „Colbertismus" und „Kameralismus" können die wichtigsten räumlichen Differenzierungen des Merkantilismus gekennzeichnet werden. Dabei ist es ohne Weiteres verständlich, dass ein auf die Förderung der produktiven Kräfte ausgerichtetes staatswirtschaftliches Denken je nach dem Entwicklungsstand und den geografischen Gegebenheiten zu partiell unterschiedlichen wirtschaftspolitischen Präferenzen führt.

Sowohl in England als auch in den Niederlanden war der Merkantilismus primär auf die Förderung des auswärtigen Handels ausgerichtet, sodass die gelegentliche Etikettierung als **„Kommerzialismus"** – mit der Betonung von Handel und Verkehr – durchaus zu Recht besteht, zumal mit diesem Terminus auch die frühkapitalistische Dominanz des Handelskapitals unterstrichen wird. Die Nuancierung gegenüber dem letztlich auf die gleiche Bedeutung abhebenden Oberbegriff „Merkantilismus" liegt in der staatlichen Moderation; der Staat dirigiert, aber die Ausführenden sind meist Private.

Auf dem europäischen Festland wurde Frankreich für eine Reihe von Staaten zum Vorbild für eine ausgeprägte merkantilistische Handels-, Verkehrs- und Gewerbepolitik, die untrennbar mit dem Namen von Jean-Baptiste Colbert (1619–1683), dem bahnbrechenden Wirtschaftsgestalter und Oberintendanten der Finanzen unter Ludwig XIV., verbunden ist. Im Gegensatz zum „Kommerzialismus" ist der **Colbertismus** durch weitreichende und meist straffe Reglementierungen des Staates gekennzeichnet. (Zu Einzelheiten der Colbert'schen Wirtschaftspolitik (deren Erfolge

Abb. 3: Jean-Baptiste Colbert (1619–1683)

und Rückschläge in der Folgezeit), verbunden mit den Wirtschaftsideen von Vauban, Boisguillebert, Laffemas und Melon, siehe Kolb 2004, S. 26 ff.)

Auf dem Gebiet des alten Deutschen Reiches waren die meisten Territorien, ausgenommen Preußen und Österreich, politisch viel zu unbedeutend, als dass sie merkantilistische Politik im großen Stil hätten umsetzen können. Ganz allgemein ging es nach dem wirtschaftlichen Niedergang, der Arbeitsentfremdung und den teilweise enormen Bevölkerungsverlusten während des Dreißigjährigen Krieges darum, den souverän gewordenen Fürstenstaaten eine leistungsfähige finanzielle Basis zum Zwecke der Entfaltung der wirtschaftlichen Kräfte und zur Steigerung der Machtposition zu verschaffen.

Im Zuge dieser fiskalischen Zielsetzung entstand die deutsche Kameralwissenschaft (abgeleitet von lat. *camera* = fürstliche Schatzkammer), die im engeren Sinn als Staats- und Verwaltungslehre des absolutistischen Territoriums interpretiert wird, wobei eben finanzwirtschaftliche Überlegungen im Mittelpunkt des Interesses standen.

Ohne hier auf die einzelnen Entwicklungsphasen des sich über fast drei Jahrhunderte erstreckenden **Kameralismus** einzugehen (siehe dazu im Einzelnen Kolb 2004, S. 29), darf als weitere Spezialität in deutschen Landen festgehalten werden, dass hier – zum Ausgleich der Bevölkerungsdefizite – die „Peuplierungspolitik", die Empfehlung einer aktiven Bevölkerungsbilanz, eine noch höhere Priorität genoss als die einer aktiven Handelsbilanz.

Dafür trat unter anderem der 1626 im fränkischen Herzogenaurach geborene, lange Zeit in den Diensten des Herzogs Ernst von Gotha stehende und 1692 als Kanzler der Universität Halle verstorbene Veit Ludwig v. Seckendorf ein, und zwar mit seiner 1656 erschienenen, im staatsbewussten lutherischen Sinne verfassten Schrift „Teutscher Fürstenstat".

Johann Joachim Becher (1635–1682), Philipp Wilhelm v. Hornigk (1640–1714) und Wilhelm v. Schröder (1640–1688) zählen wegen ihres mehr oder weniger dominierenden Wirkungsraums zur Gruppe der „österreichischen" Kameralisten, obwohl keiner von ihnen aus habsburgischen Landen stammt. Während Hornigk gemäß seinem Buchtitel „Österreich über alles wann es nur will. Das ist: Wohlmeinender Fürschlag wie mittelst einer wohlbestellten Lands-Oekonomie, die Kayserl. Erbland in kurzem, über alle andere Staat von Europa zu erheben [...]" (1648) – wie vor ihm sein Schwager Becher – die Notwendigkeit einer gleichgewichtigen Entwicklung der heimischen Produktivkräfte herausstellte und Schröder sich die „Fürstliche Schatz- und Rent-Cammer" (1686), damit vorzugsweise fiskalische und monetäre Angelegenheiten, zum Thema nahm, zählt Becher, Polyhistor und Projektemacher von unstetem Wesen, zu den wirklich originellen Köpfen des Kameralismus. Er wird gelegentlich als Vordenker moderner Wirtschaftslehren bezeichnet, „der Ordnungstheorie, Marktformenlehre, Entwicklungspolitik und sogar den Kreislaufgedanken als erster in ein übergreifendes Denksystem gebracht hat" (Klaus 1990, S. 22). Tatsächlich spielen in seinem Hauptwerk „Politischer Discurs von den eigentlichen Ursachen deß Auf- und Abnehmens der Städt, Länder und Republiken [...]" (1668, die ab 1672 erschienenen

Neuauflagen wurden um ein Vielfaches an Umfang erweitert) institutionelle und morphologische Ordnungselemente, getragen vom Grundsatz der richtigen Proportion, eine wesentliche Rolle; es mag freilich dahingestellt bleiben, inwieweit man in der Auffassung des Staates als einer Wirtschaftsgemeinschaft und in der durch den „Bindschlüssel" der Konsumtion gegebenen Interdependenz der drei von Bauern, Handwerkern und Kaufleuten gebildeten Berufsstände bereits die Entdeckung des volkswirtschaftlichen Kreislaufs sehen darf. Als Ziel der Wirtschaftspolitik wird die „Volckreichmachung" und die „Nahrhaftmachung" genannt: „Die Civil societät wird definirt, daß sie seye eine Volckreiche Nahrhaffte Gemeind" (1668, S. 1), wobei die Obrigkeit als „Dienerin der Gemein" erscheint, denn „die Gemein ist nicht umb der Obrigkeit, sondern die Obrigkeit umb der Gemeine willen da" (1668, S. 5). Becher sieht das harmonische Gleichgewicht der „dreyen Stände von Gemeinschafft" durch drei „Hauptfeinde" bedroht, durch das Monopol, das Polypol und das Propol; „das Monopol, das einem zugesteht, was viele ernähren könnte; das Polypol, von dem viele das erhalten, was zum Unterhalt nur des einen ausreichte; das Propol, das dazu führt, daß Waren aufgehäuft werden, die dann zu Überpreisen auf den Markt kommen" (Dittrich 1974, S. 61). Damit hat Becher als erster den Terminus des Polypols in die Wirtschaftslehre eingebracht und außerdem auf Entartungserscheinungen des Wettbewerbs aufmerksam gemacht, die später bei der Entstehung der Marktformenlehre wieder aufgegriffen wurden. Als Maßnahmen insbesondere gegen den Störfaktor Propolium empfahl Becher unter anderem die Errichtung von staatlichen Landmagazinen (sogenannten „Proviantshäusern" zum Zwecke des Ankaufs und Vertriebs landwirtschaftlicher Erzeugnisse), Werkhäusern (u. a. zur Vermittlung neuer gewerblicher Fertigungstechniken) und Kaufhäusern (für den Einkauf en gros und den Verkauf en détail).

3.4 Literatur

Becher, J. J.: Politischer Discurs von den eigentlichen Ursachen deß Auf- und Abnehmens der Städt, Länder und Republicken. Frankfurt a. M. 1668.

Blaich, F.: Die Epoche des Merkantilismus. Wiesbaden 1973.

Bodin, J.: Les six livres de la république. Paris 1576.

Bürgin, A.: Merkantilismus. In: Beckerath, E. v. et al.: HdSW, Band 7. Stuttgart 1961, S. 308–317.

Dittrich, E.: Die deutschen und österreichischen Kameralisten. Darmstadt 1974.

Hassinger, H.: Johann Joachim Becher 1635–1682. Ein Beitrag zur Geschichte des Merkantilismus. Wien 1951.

Klaus, J.: Johann Joachim Bechers Universalsystem der Wirtschaftspolitik. In: Klaus, J./Starbatty, J.: Johann Joachim Bechers „Politischer Discurs". Düsseldorf 1990, S. 21–61.

Kolb, G.: Einführung in die Volkswirtschaftslehre. Wissenschafts- und ordnungstheoretische Grundlagen. München 2012.

Kolb, G.: Geschichte der Volkswirtschaftslehre. Dogmenhistorische Positionen des ökonomischen Denkens. München 2004.

Mun, T.: England's Treasure by Forraign Trade. London 1664.

Wendt, S.: Geschichte der Volkswirtschaftslehre. Berlin 1968.

4 Der Physiokratismus

In der zweiten Hälfte des 18. Jahrhunderts entstand in Frankreich die **Schule der Physiokraten**. Sie wurde von vielen Zeitgenossen hoch gelobt und wird teilweise auch heute noch als „the most exciting [...] group of economists in the whole history of economic thought" (Meek 1963, S. 9) bewundert. Von anderen wurde sie dagegen verspottet (besonders von Voltaire) und von den damaligen Grundeigentümern wegen der vorgelegten Steuerpläne mit Misstrauen beobachtet. Ihren Namen leitet die im Hinblick auf ihre logische Geschlossenheit oftmals als erste nationalökonomische Schule bezeichnete Lehrrichtung von griech. *physis* = Natur und *kratein* = herrschen ab; Physiokratie bedeutet demnach „Herrschaft der Natur".

Als Begründer und Haupt der „Économistes", wie sich die Physiokraten nannten, gilt der in Diensten Ludwigs XV. stehende Arzt François Quesnay (1694–1774), der sich erst im Alter von über 60 Jahren dezidiert ökonomischen Fragen zuwandte. Es ist nicht weiter verwunderlich, dass sich die „doctrine très nouvelle" (Dupont de Nemours unter dem Motto „laissez faire, laissez passer, le monde va de lui-même" nach gedanklichen Vorprägungen durch Vauban, Boisguillebert und Gournay als Gegenbewegung entwickelte. Denn nach dem Tod Colberts traten die Pervertierungen des Colbertismus mit all den Begünstigungen im gewerblichen Bereich, der Not der landwirtschaftlichen Bevölkerung und der schwierigen Finanzlage des Staates immer deutlicher in den Vordergrund.

4.1 Naturrecht und natürliche Ordnung als philosophischer Hintergrund

Das Naturrecht – ganz allgemein verstanden als Norm, der stets Geltung zukommt und die als Maßstab für das positive Recht gilt – erfuhr in der Zeit der Aufklärung eine vorzugsweise individualistische bzw. rationalistische Ausrichtung. Es waren die schon in der Scholastik (von Wilhelm v. Ockham) herausgestellten **„natürlichen Rechte"** Leben, Freiheit und Eigentum, welche nun gemäß dem Vernunftrecht der Aufklärung als vernunftnotwendig deduziert wurden.

Anknüpfend an diese rationalistisch-individualistische Aufklärungsphilosophie mit ihrem Glauben an die befreiende Kraft der (Natur-)Wissenschaft und ihrer Ausrichtung auf das irdische Glück der Menschen, sahen die Physiokraten im Eigennutz des Einzelnen geradezu eine Naturgesetzlichkeit der Wirtschaft. Mit anderen Worten: Im wirtschaftlichen und gesellschaftlichen Leben seien ewige Naturgesetze wirksam, welche zu einer „prästabilierten Harmonie" führten, sofern die von Menschen geschaffene und deshalb notwendigerweise unvollkommen bleibende Ordnung („ordre positif") der natürlichen Ordnung („ordre naturel") angenähert würde. Dabei gelte es, mittels der Vernunft die Gesetze des „ordre naturel" zu erforschen.

DOI 10.1515/9783110530476-007

4.2 Die Physiokratische Schule

Man hat die Physiokratische Schule wegen ihres dogmatischen Gehabes und ihrer nicht selten von einem überzogenen Pathos getragenen Äußerungen gelegentlich als „ökonomische Sekte" bezeichnet. Es muss allerdings hinzugefügt werden, dass die „Économistes" von Anfang an bemüht waren, aus der kleinen Gesinnungsgemeinschaft eine große sozialökonomische Schule zu machen. Diesem Anspruch war jedoch zeitlich und auch räumlich nur ein beschränkter Erfolg beschieden, denn außerhalb Frankreichs gab es zwar mehr oder weniger punktuelle Sympathien für physiokratische Lehrmeinungen, insbesondere an den Höfen der aufgeklärten Monarchen in Österreich (Joseph II.), Russland (Katharina II.), Polen, Schweden, im Großherzogtum Toskana und – geradezu mit Enthusiasmus gepaart – in der Markgrafschaft Baden(-Durlach). Eine breitere physiokratische Bewegung konnte allerdings nirgendwo Platz greifen.

Drei Namen repräsentieren die **Hauptvertreter** der physiokratischen Bewegung in Frankreich:

- François Quesnay, der mit seinem „Tableau Économique" „ein nach naturwissenschaftlicher Methode entworfenes System zur Heilung auch des gesellschaftlichen Krankheitszustandes seiner Zeit aufstellte" (Oncken 1902, S. 314),
- der Marquis de Mirabeau, welcher als Popularisator der physiokratischen Lehre fungierte,
- und Anne Robert Jacques Turgot, der sowohl in seiner Position als „contrôleur général des finances" (Finanzminister) unter Ludwig XVI. als auch infolge einiger theoretischer Leistungen – er erkannte z. B. das Gesetz vom abnehmenden Bodenertragszuwachs („loi du rendement non-proportionel") – über manch allzu doktrinäre physiokratische Lehrmeinungen hinauswies.

Als zentrale **wirtschaftstheoretische Beiträge** der Physiokraten gelten die Lehre vom Wirtschaftskreislauf und die Steuerlehre der „Impôt Unique".

4.3 Lehre vom Wirtschaftskreislauf: „Tableau Économique"

Quesnay stellte seiner „Analyse du tableau économique" einen Satz Xenophons voran, der als Kernaussage des physiokratischen Systems gelten kann und auch die diesbezügliche Ansicht vom Wirtschaftskreislauf umreißt: „Lorsque l'agriculture prospère, tous les autres arts fleurissent avec elle".

Das Tableau, von dem es wohlgemerkt verschiedene Versionen gibt, veranschaulicht einen stationären Wirtschaftsablauf anhand von Wertströmen zwischen drei keineswegs antagonistisch aufgefassten gesellschaftlichen Klassen bzw. Sektoren. Es handelt sich um

-   den Sektor der Landwirtschaft bzw. der Pächter („la classe productive"),
-   den der Grundeigentümer („la classe des propriétaires"), bestehend aus Königshaus, Adel und Geistlichkeit (wegen der Zuordnung der Verteilungsfunktion auch „la classe distributive" genannt), und
-   die im Wesentlichen Handwerker, Manufakturisten und Kaufleute umfassende gewerbliche Wirtschaft („la classe stérile").

Der sterilen Klasse wurde nur eine umformende bzw. ortsverändernde Funktion zugedacht, die keine tatsächliche Wertsteigerung, sondern nur eine Addition der aufgewandten Kosten bewirke. Demgegenüber sei der Boden die einzige Quelle des Reichtums. Nur im Zuge der Bewirtschaftung des Bodens sei eine über die „addition" hinausgehende „création", ein realer Güterzuwachs, ein Überschuss des Ertrags über den Aufwand, demnach ein Reinertrag („produit net") zu erwarten. Allerdings dachten die Physiokraten, wenn sie von der produktiven Klasse sprachen, primär an die selbstständigen landwirtschaftlichen Pächter und ihre mithelfenden Familienangehörigen, nicht aber an die in der Landwirtschaft tätigen lohnabhängigen Arbeitskräfte. In gleicher Weise wurde bei der sterilen Klasse nur auf die selbstständigen Gewerbetreibenden gesehen. Der eigentlich vierte Stand der Arbeiterschaft („le petit peuple") spielte im physiokratischen Denken eine völlig untergeordnete „konsumtive" Rolle und wird im Tableau gar nicht berücksichtigt (siehe Abb. 5).

Quesnay hat die ersten Konzepte seines Tableaus als „Zickzack-Schema" dargestellt. Die im Tableau enthaltenen Aussagen über die Verteilung des „Nettoprodukts" sowie dessen Reproduktion werden in einer kontenmäßigen Darstellung der sich zwischen den drei Klassen vollziehenden Transaktionen, wobei die Wertrelationen

Abb. 4: François Quesnay (1694–1774)

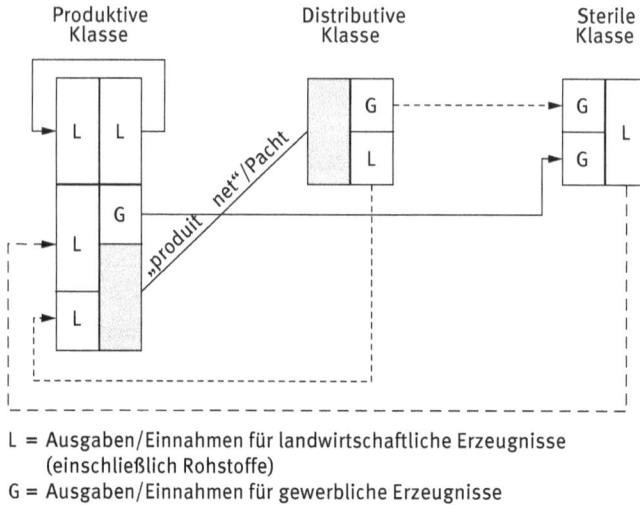

L = Ausgaben/Einnahmen für landwirtschaftliche Erzeugnisse
(einschließlich Rohstoffe)
G = Ausgaben/Einnahmen für gewerbliche Erzeugnisse

Abb. 5: Vereinfachte Form des „Tableau Économique" in Kontenform

authentisch sind, veranschaulicht. Bei den Konten handelt es sich um aktive Bestandskonten, hier Kassenkonten. Statt der Angabe des jeweiligen Gegenkontos erscheinen (mit „L" für landwirtschaftliche und „G" für gewerbliche Produkte) die Symbole der den angegebenen monetären Strömen gegenläufigen Güterströme.

Man mag über das gelegentlich als „Mysterium" bzw. als „Sphinxrätsel" bezeichnete „Tableau Économique" zu unterschiedlichen Einschätzungen kommen. Fest steht allemal, dass unsere heutige Input-Output-Methode eine Anwendung der Kreislaufidee des Tableaus darstellt (vgl. Leontief 1987, S. 18 ff.) und dass sich letztlich unsere Volkswirtschaftliche Gesamtrechnung davon ableitet.

4.4 Die physiokratische Steuerlehre: „Impôt Unique"

Ein unmittelbarer Praxisbezug kommt den finanztheoretischen und finanzpolitischen Ansichten der Physiokraten insoweit zu, als all diese Überlegungen mit Blick auf die damaligen Verhältnisse in Frankreich gesehen werden müssen. So erklärt sich die finanzpolitische Kritik am „ordre positif" und in diesem Zusammenhang das rigorose Verdikt gegenüber jeder Staatsverschuldung vor dem Hintergrund einer rapide wachsenden Verschuldung des französischen Herrscherhauses. Außerdem wurde die zunehmende und sehr weitgehende Steuerbefreiung von Adel und Geistlichkeit und die daraus resultierende Steuerbelastung der Bevölkerung als ungerecht empfunden. Hinzu kam die in Verruf geratene Eintreibungspraxis der Steuern über ein Steuerpachtsystem.

Mit einer Reform der Staatseinnahmen sollte – dem physiokratischen Verständnis von ökonomischem Liberalismus entsprechend – zugleich eine Minderung der Staatsaufgaben einhergehen. Von der Annahme ausgehend, dass nur aus der Bewirtschaftung des Bodens ein Reinertrag resultiere, forderten die Physiokraten die Einführung einer **Grund(renten)steuer als Alleinsteuer**. Neben dem Argument der Verbilligung der Erhebungskosten wurden auch überwälzungstheoretische und eigentumstheoretische Begründungen dafür herangezogen (vgl. dazu Schmidt 1983, S. 120). Im Detail wurde das Thema „Impôt Unique" in der vermutlich unter Mitarbeit von Quesnay 1760 publizierten Schrift „Théorie de l'impôt" des Marquis de Mirabeau behandelt, aber auch alle anderen Mitglieder der Physiokratischen Schule haben sich dazu beinahe unisono geäußert.

In der Praxis hatte sich die Grundrentensteuer als Alleinsteuer freilich nirgendwo durchgesetzt. In drei badischen Gemeinden unternahm der der physiokratischen Lehre sehr zugetane Markgraf Carl Friedrich ab 1772 einen mehrjährigen Versuch mit der „Einsteuer". Die Folge war ein Preisverfall der Grundstücke, während gleichzeitig die Abschaffung aller Verbrauchsteuern den Kneipen einen Boom bescherte (vgl. Gide/Rist 1921, S. 49 f.).

4.5 Literatur

Gide, C./Rist, C.: Geschichte der volkswirtschaftlichen Lehrmeinungen. Jena 1921.
Kolb, G.: Geschichte der Volkswirtschaftslehre. Dogmenhistorische Positionen des ökonomischen Denkens. München 2004.
Leontief, W.: Quesnays „Tableau Économique" und die moderne Input-Output-Analyse. In: Leontief, W./Recktenwald, H. C.: Über François Quesnays „Physiocratie". Frankfurt a. M./Düsseldorf 1987, S. 15–25.
Meek, R. L.: The Economics of Physiocracy. Cambridge (Mass.) 1963.
Mirabeau, V. R. Marquis de: Theorie de l'impôt. o. O. 1760.
Oncken, A.: Geschichte der Nationalökonomie. Leipzig 1902.
Quesnay, F.: Ökonomische Schriften in zwei Bänden, hrsg. v. M. Kuczynski. Berlin 1971.
Schmidt, K.-H.: Die finanzpolitischen Reformvorschläge der Physiokraten. In: Scherf, H. (Hrsg.): Studien zur Entwicklung der ökonomischen Theorie III. Schriften des Vereins für Socialpolitik, N. F. Band 115/III. Berlin 1983, S. 101–138.
Turgot, A. R. J.: Réflexions sur la formation et la distribution des richesses. Éphémérides du citoyen, 1769: tome 11, 12; 1770: tome 1 (Faksimile-Ausgabe: Düsseldorf 1990).

5 Der Klassische Liberalismus

Der klassische Liberalismus umfasst die Epoche der auf den Wettbewerb vertrauenden **klassischen Schule der Nationalökonomie.** Generell kann festgehalten werden, dass sich „der weltumspannende Liberalismus durch eine außergewöhnlich breite Ideen- und Wertskala, durch einen Komplex sich wandelnder Ideale und durch von ihm erhobene, immer neue und differente Forderungen konkreter Art aus(zeichnet), die aus den unterschiedlichen raumzeitlichen Ausgangs- und Entwicklungsbedingungen entstanden" (Boelcke 1980, S. 33). Eine allgemein akzeptierte Maxime ist dabei die Unverletzlichkeit des Privateigentums an Produktionsmitteln.

Die geistige Grundlage des Liberalismus ist zunächst die von der Aufklärung geprägte naturrechtliche, rationalistische und individualistische Denkweise. Hinzu kommt eine aus der Philosophie Benthams abgeleitete utilitaristische bzw. eudämonistische Grundhaltung. Für die liberalistische Auffassung der Klassiker besonders kennzeichnend ist die Verabsolutierung der Lebensgebiete: In den als abgeschlossen aufgefassten und eigenen Gesetzen gehorchenden Welten der Politik, der Religion, der Ethik etc. agiert der Mensch ausschließlich als Homo politicus, Homo religiosus, Homo ethicus. Gemäß dieser mechanistischen Aufteilung der letztlich immer zusammenwirkenden Wesenszüge des Menschen kommt es zur Fiktion des Homo oeconomicus, der stets nur von wirtschaftlichen Zweckmäßigkeitserwägungen geleitet wird und nach dem ökonomischen Prinzip handelt.

5.1 Die Klassische Schule in Großbritannien

Der Schotte **Adam Smith** (1723–1790) gilt als der Vater der klassischen Nationalökonomie. Ab 1752 war er Lehrstuhlinhaber für Moralphilosophie an der Universität Glasgow, später unter anderem Berater des britischen Schatzkanzlers und ab 1778 Mitglied der königlichen Zollkommission für Schottland. Mit seinem 1776 erschienenen Hauptwerk „An Inquiry into the Nature and Causes of the Wealth of Nations" präsentierte er eine politische Ökonomie der „natürlichen" Freiheit mit einem noch weitgehend ganzheitlichen Konzept. Darin wird die wirtschaftliche Freiheit gewissermaßen als Naturprinzip aufgefasst. Smith setzt auf das auf Eigenliebe gegründete dynamische Motiv des Selbstinteresses („Nicht vom Wohlwollen des Metzgers, Brauers und Bäckers erwarten wir das, was wir zum Essen brauchen, sondern davon, dass sie ihre eigenen Interessen wahrnehmen. Wir wenden uns nicht an ihre Menschen-, sondern an ihre Eigenliebe, und wir erwähnen nicht die eigenen Bedürfnisse, sondern sprechen von ihrem Vorteil." (Smith 1996, S. 17)). Außerdem erkennt er das individuelle Streben nach Erwerb und Anerkennung zugleich als nützlich für die Allgemeinheit an. Trotz aller Axiomatik kann man Smith keine unkritische Haltung vorwerfen.

DOI 10.1515/9783110530476-008

Abb. 6: Adam Smith (1723–1790)

Was Smith in „Wealth of Nations" vorstellte, war nicht ganz neu. Selbst das mit seinem Namen untrennbar verbundene Stecknadelbeispiel für die technische Arbeitsteilung wurde bereits mehr als 50 Jahre zuvor von Ernst Ludwig Carl bemüht. Carl lebte in der Zeit des Übergangs vom Merkantilismus zum Liberalismus. Ganz allgemein ist festzustellen, dass der Schotte Smith mit Quellenangaben äußerst sparsam umging. Aus Platzgründen ist es hier nicht möglich, auf die vielen Mehrdeutigkeiten in Smiths Werk einzugehen. Vor allem die Verteilungslehre ist an mehreren Stellen widersprüchlich (siehe dazu im Einzelnen Kolb 2004, S. 57 ff.). Dennoch muss man Smith trotz aller Vorbehalte zubilligen, dass es ihm bis auf den heutigen Tag gelungen ist, liberalökonomische Ideen zu popularisieren.

In „Wealth of Nations" wird die **wirtschaftliche Ordnung** – um ein wichtiges Thema herauszugreifen – als organische Schöpfung unzähliger menschlicher Willen aufgefasst, die – ohne das Ziel zu kennen – alle dem Trieb einer gleichen, instinktiven Kraft gehorchen (vgl. Gide/Rist 1921, S. 93): dem auf Eigenliebe gegründeten Selbstinteresse, dem – wie Smith immer wieder sagt – „natürlichen Streben jedes Menschen, seine Lage zu verbessern". Allerdings bedeutet das Postulat der Nichteinmischung des Staates in das Wirtschaftsleben keinesfalls, dass auch die Befriedigung aller Kollektivbedürfnisse dem freien Spiel der Kräfte überlassen werden soll. Explizit wies er dem Staat die Aufgaben zu, für Sicherheit nach außen, für Schutz im Inneren und für öffentliche Einrichtungen zu sorgen, für welche aus Kostengründen kein privates Engagement besteht (vgl. Smith 1996, S. 582). An dieser Stelle muss hinzugefügt werden, dass Smith auch den Gedanken der Harmonie des Individualinteresses mit dem Kollektivinteresse nicht mit absoluter Geltung vertritt. Selbst die Smith'sche Freihandelsdoktrin akzeptiert (mit Blick auf die äußere Sicherheit) Kompromisse.

Immer wieder spricht Smith vom **„Natürlichen"**, von der natürlichen Freiheit, vom natürlichen Preis, von der natürlichen Neigung des Menschen zum Tausch, vom natürlichen Streben nach Verbesserung der Lage etc. Dahinter steckt die Überzeugung, dass es sich um Übereinstimmungen mit dem von der Natur Beabsichtigten handelt, um von der Natur determinierte Vorgänge. Über die deistische Auffassung von der **„Unsichtbaren Hand"** der Vorsehung werden Mechanismen, Kausalzusammenhänge, Gesetzmäßigkeiten in der Wirtschaft abgeleitet, die in ihrer Struktur den Newton'schen Naturgesetzen der Bewegung zumindest nahekommen. So wird Wirtschaften als natürlicher, als mechanistischer Prozess gesehen. Dazu gehört auch die Vorstellung vom natürlichen Ursprung der wirtschaftlichen Institutionen, die Idee ihrer Spontaneität.

Dieser naturalistische Grundgedanke wird von **Optimismus** flankiert. Die frohe, aber nicht unkritische Botschaft in „Wealth of Nations" hat dazu geführt, dass sich in Großbritannien eine erste, eben die **optimistische Phase der klassischen Schule** von einer zweiten, eher **pessimistischen Phase** (Thomas Robert Malthus und David Ricardo) unterscheiden lässt, welcher schließlich noch eine dritte, eine **skeptische Phase** (repräsentiert durch John Stuart Mill) folgt.

Eine sehr überzeugende Begründung dafür, warum Thomas Robert Malthus (1766–1834) und David Ricardo (1772–1823) – übrigens a posteriori – als die Pessimisten der klassischen Schule gelten, lieferten Gide/Rist (1921), deren eingängige Formulierung folgendermaßen lautet:

> Pessimisten, weil sie uns zahllose Gründe aufdecken, um nicht mehr an die Übereinstimmung der individuellen Interessen mit denen der Allgemeinheit zu glauben, trotzdem sie selbst [...] fortfahren, das Vorhandensein dieser Übereinstimmung zu behaupten;
> Pessimisten, weil sie uns überall verwirrende Gegensätze zwischen den Grundbesitzern und den Kapitalisten, zwischen den Kapitalisten und den Arbeitern zeigen;
> Pessimisten, weil sie unter den Gesetzen der Natur [...] andere zu entdecken wähnen, die, wie das Gesetz der Bodenrente, einer kleinen Zahl müßiger Grundeigentümer ein Einkommen sichern, das die Tendenz hat, im direkten Verhältnis zu der Not der Bevölkerung zu wachsen; oder wie das Gesetz des sinkenden Bodenertrages, nach dem der Erzeugung der unentbehrlichen Lebensmittel verhängnisvolle Grenzen gezogen sind [...]; oder endlich Gesetze wie das des konstant sinkenden Profites, das den Fleiss des Menschen früher oder später im Sumpf des „stationären Zustandes" endigen lassen muss.
> Pessimisten auch deshalb, weil sie nicht an die Möglichkeit glaubten, den Lauf dieser unabänderlichen Gesetze wandeln zu können, denen nach ihrer Meinung gesetzgeberische Reformen [...] ohnmächtig gegenüberstehen. Ihr Vertrauen auf das, was wir Fortschritt nennen, war alles in allem äußerst gering.
> (1921, S. 128; im Original z. T. hervorgehoben)

1798 veröffentlichte der Jahre vorher zum Geistlichen der anglikanischen Kirche geweihte Thomas Robert Malthus – zunächst anonym – seinen „Essay on the Principle of Population", in dem er mit dem Verhältnis Mensch zu Natur bzw. Bevölkerung zu Nahrungsmittelspielraum ein geradezu archaisches Diskussionsthema aufgriff. Malthus postulierte, dass die **Armut keine Funktion der Wirtschafts- bzw. Gesellschaftsordnung** sei und dass sich das Volk wegen geradezu unbekümmerter Kinderzeugung selbst als die Hauptursache seines Elends zu betrachten habe. Mehr noch:

> A man who is born into a world already possessed, if he cannot get subsistence from his parents on whom he has a just demand, and if the society does not want his labour, has no claim of right to the smallest portion of food, and, in fact, has no business to be where he is. At nature's mighty feast there is no vacant cover for him. She tells him to be gone [...].
> (zitiert nach Recktenwald 1989, S. 21 f.)

Dabei verstand es Malthus – die Zahlengläubigkeit seiner Leser richtig einschätzend – seiner Theorie einen mathematischen Anstrich zu geben. Er behauptete nämlich, das Bevölkerungswachstum zeige eine geometrische Progression (1, 2, 4, 8, 16 etc.), während die Nahrungsmittelmenge – infolge des Gesetzes vom abnehmenden Bodenertragszuwachs – nur in arithmetischer Progression (1, 2, 3, 4, 5 etc.) zunehmen könne. Er benannte die zwei Wachstumsschranken Elend („misery") und Laster („vice"), welche die Übervölkerung steuern würden. Das Elend in Gestalt von Hungersnot und Krankheit, das Laster in Gestalt von Kriegen, Morden, Promiskuität etc. Insgesamt gelangte Malthus zu einer sehr pessimistischen Einschätzung sozialpolitischer Bemühungen um die Armen. Er argumentierte, dass die – durch die englischen Armengesetze damals üblichen – Hilfen nur dazu führen würden, noch mehr Menschen den Sanktionen von Elend und Laster auszusetzen, statt zu einer Verbesserung der geistigen Haltung hinsichtlich der „Leidenschaft zwischen den Geschlechtern" beizutragen.

Was David Ricardo angeht, so ist es schon merkwürdig, dass ein praxiserprobter und noch dazu erfolgreicher Börsenmakler, dem es gelang, sein Vermögen von 800 auf 700.000 Pfund fast zu vertausendfachen, und der auch maßgeblichen Einfluss auf die englische Wirtschaftspolitik ausübte, als wirklichkeitsfremder Theoretiker in die volkswirtschaftliche Dogmengeschichte einging, als abstrakt-deduktiver „Kopf in den Wolken" (Keynes).

Im Gegensatz zur traditionellen Frage nach den Ursachen des Volkswohlstands stellt Ricardo das **Verteilungsproblem** in den Mittelpunkt seiner Untersuchung. „To determine the laws which regulate this distribution, is the principal problem in political economy", heißt es im Vorwort zu seinem 1817 erschienenen Hauptwerk „On the Principles of Political Economy, and Taxation" (S. III f.). Gesucht wird nach den ökonomischen Gesetzmäßigkeiten, nach denen sich das Sozialprodukt auf die drei gesellschaftlichen Klassen der Grundeigentümer, der Arbeiter und der Kapitaleigner als Rente, Lohn und Profit verteilt (später bezeichnete man dies als die Frage nach der funktionellen Verteilung des Einkommens).

Ricardos Verteilungslehre lässt sich komprimiert so darstellen: Die **Grundrente** wird als **Differentialeinkommen** gesehen. Sie ist demnach die Folge und nicht die Ursache des Preises. Mit steigenden Preisen der Lebensmittel muss der „natürliche" Preis der Arbeit (Geldlohn) steigen, handelt es sich beim „natürlichen" Lohn doch um ein Entgelt, welches es dem Arbeiter gerade ermöglicht, sich und seine Familie am Leben zu erhalten bzw. sich fortzupflanzen (Existenzminimumtheorie). Der tatsächliche „Marktpreis" oszilliert um den „natürlichen" Preis der Arbeit. Die Möglichkeit einer nachhaltigen Steigerung der (realen) Arbeitslöhne wird deshalb pessimistisch beurteilt, weil im Zuge der Bevölkerungsvermehrung auch das Angebot an Arbeitskräften zunimmt (das hängt mit der damals vertretenen Lohnfondstheorie zusammen). Profit (gleich Kapitalzins und Unternehmergewinn) wird als Residualeinkommen aufgefasst, das die Tendenz hat, zu fallen. Denn wenn die Löhne dem Existenzminimum entsprechen, kann die Steigerung der Grundrente nur zu Lasten des Profits gehen.

Obwohl Ricardo dieser Verteilungslehre einen zentralen Stellenwert einräumte, ist sein Name in der volkswirtschaftlichen Theoriengeschichte mehr mit dem **Außenhandelstheorem der komparativen Kosten** verbunden. Darin wird – übrigens jenseits aller pessimistischen Züge – gegenüber den nur auf absoluten Kostenvorteilen basierenden Freihandelsargumenten die Vorteilhaftigkeit freier internationaler Handelsbeziehungen bei Spezialisierung der Produktion auf die relativ kostengünstigsten Erzeugnisse nachgewiesen.

Einen Liberalismus mit Fragezeichen vertritt John Stuart Mill (1806–1873), der die „skeptische" und damit die dritte Phase der klassischen Schule in Großbritannien repräsentiert. Er gilt als „Bedenkenträger" gegenüber den Patentlösungen des Liberalismus, gegenüber staatlichem Handeln, gegenüber Gewerkschaften, ja gegenüber der Industriegesellschaft generell. Aber trotz aller ihn bewegenden Zweifel hinsichtlich des Widerspruchs von ökonomischer Freiheit und dem Elend der Massen ist er doch davon überzeugt, „if competition has its evils, it prevents greater evils" (zitiert nach Recktenwald 1988, S. 21).

5.2 Klassische Lehre in Frankreich

Trotz sehr früher Übersetzungen des „Wealth of Nations" hat es Jahre gedauert, ehe die von Smith ausgehende Doktrin auf merkliche Resonanz auf dem europäischen Festland stieß. Dafür machte man unter anderem didaktische Defizite verantwortlich. „Il manque de clarté dans quelques endroits, et de méthode presque par-tout", vermerkt Say 1803 in der Einleitung seines „Traité d'économie politique" (S. XXIV).

Allerdings wird man Jean-Baptiste Say (1767–1832), der diese Mängel offen ansprach und sie in seinen eigenen Schriften von vornherein vermied, nicht annähernd gerecht, wenn man ihn lediglich als Popularisator der Ideen von Adam Smith ansieht. Der aus Lyon stammende Kaufmannssohn, der eine jahrelange Druckverweigerung der zweiten Auflage des „Traité d'économie politique" durch Napoleon hinnahm, war der erste französische Lehrstuhlinhaber für politische Ökonomie.

Sein Name ist untrennbar verbunden mit der **Theorie der Absatzwege**. Verkürzt wiedergegeben geht es dabei um die Auffassung, eine generelle Überproduktion bzw. eine allgemeine Absatzstockung könne es bei freier wirtschaftlicher Betätigung deshalb nicht geben, weil sich die Produktion selbst ihren Absatz schaffe. Allenfalls sei kurzfristig eine Überproduktion bei einem Gut möglich, der dann eine Unterproduktion bei einem anderen Gut gegenüberstehe: Letztlich kauften sich Produkte immer mit Produkten. Schließlich empfehle sich gegen partiell verstopfte Absatzwege, ohne jede staatliche Reglementierung möglichst viel zu produzieren, da die daraus resultierenden Einkommensströme via Nachfrage eventuelle Staus rasch wieder wegspülen würden. Heute wissen wir, dass das Say'sche Theorem nur dann plausibel ist, wenn das beim Verkauf vereinnahmte Geld sofort wieder zum Kauf anderer Produkte ausgegeben wird. Ebenso hätte es in einer Naturaltauschwirtschaft Gültigkeit, die ja keine Kassenhaltung (Hortung) kennt. Nebenbei bemerkt: Es war auch Say, der den tauschbaren Wert immaterieller Produkte herausstellte.

Das **Say'sche Theorem** hat der liberalen Schule in **Frankreich** die **optimistische Grundeinstellung** vermittelt, auf der Frederic Bastiat (1801–1850) mit seiner freilich völlig unhaltbaren ökonomischen Harmonielehre, aber auch Adolphe Blanqui, Charles Dunoyer und Michel Chevalier, um nur die wichtigsten Vertreter der 1846 gegründeten französischen Freihandelsliga („Association pour la liberté des échanges") zu nennen, aufbauen konnten.

5.3 Sonderwege der Klassik in Deutschland

Die in Großbritannien und Frankreich entwickelte klassische Lehre hat in **Deutschland nur eine verhaltene Aufnahme** gefunden. Es ist charakteristisch für die eher abwägende deutsche Rezeption der Klassik, dass merkantilistische Denkmuster genauso wenig über Bord geworfen wurden wie die Neigung, historisch und geografisch bedingte „Staatsmerkwürdigkeiten" zu reflektieren. Dazu gehört, dass dem Staat fast immer ein relativ hoher Stellenwert eingeräumt wird. Vorbehalte gegen eine völlige Gewerbefreiheit werden artikuliert.

Das extrem individualistische Gesellschaftsverständnis kommt auch bei den beiden Hauptrepräsentanten des klassischen ökonomischen Liberalismus, Georg Friedrich Sartorius (Frhr. v. Waltershausen) in Göttingen und Christian Jakob Kraus in Königsberg, nicht zum Tragen (vgl. Brandt 1992, S. 160 ff.). Eine gewisse Bedeutung hat der in Erlangen geborene, später dort und in Heidelberg lehrende „Spätklassiker" Karl Heinrich Rau (1792–1870) erlangt. Zum einen deshalb, weil er in seinem 1826 veröffentlichten „Lehrbuch der politischen Ökonomie" die Dreiteilung der Nationalökonomie in Wirtschaftstheorie, Wirtschaftspolitik und Finanzwissenschaft verankert hat, zum anderen wegen der ab 1841 vermutlich von Cournot übernommenen grafischen Darstellung von Angebots- und Nachfragekurven.

Was von der Klassik in Deutschland fortwährende Beachtung verdient, sind jedoch eher **Sonderwege**, die mit den Namen Johann Heinrich von Thünen, Friedrich Benedikt Wilhelm von Hermann und Hans von Mangoldt verknüpft sind.

Johann Heinrich von Thünen (1783–1850) beklagte die geringe Resonanz, die seinem 1826 erschienenen Hauptwerk „Der isolierte Staat in Beziehung auf Landwirtschaft und Nationalökonomie" entgegengebracht wurde. Dies ist allerdings verständlich, da „seine penible, teilweise umständliche Gedankenführung, über die er zu seinen Theorien gelangte, [...] selbst für geduldige Leser ein äußerst mühevoller Weg [ist]" (Eglau 1993, S. 54). Dabei gilt Thünen als Ahnherr verschiedener ökonomischer Teildisziplinen: der Standortlehre generell, der landwirtschaftlichen Betriebslehre, der Grenzproduktivitätstheorie, sogar der Ökonometrie. Auch für politische und soziale Aussagen über eine „naturgemäße Entlohnung" sowie über Gewinnbeteiligungen bürgt sein Name. (Zu Thünens landwirtschaftlichem Standort-Modell, dokumentiert in der Anordnung von konzentrischen Kreisen, und zu der im Mittelpunkt seiner Grenzproduktivitätstheorie der Verteilung stehenden Bestimmung des naturgemäßen Lohns vgl. Kolb 2004, S. 75 ff.)

Genau wie Thünen bezeichnete sich auch Friedrich Benedikt Wilhelm von Hermann (1795–1868), ein später zum Leiter des Bayerischen Statistischen Bureaus bestellter ehemaliger Gymnasiallehrer, als Smithianer. Das 1832 erschienene Hauptwerk „Staatswirthschaftliche Untersuchungen [...]" wurde lange Zeit im Wesentlichen unter dem Blickwinkel der von ihm herausgearbeiteten Bestimmungsfaktoren der Preisbildung sowie der Verteilung gesehen. Vor einigen Jahren hat Recktenwald in einer neueren Exegese unter anderem auf Hermanns frühe Beobachtungen zu Eigentumsrechten und Transaktionskosten und auf das originäre Konzept eines evolutorischen bzw. dynamischen Wettbewerbs via Innovation aufmerksam gemacht, welches Schumpeters Theorie in vielem vorwegnimmt (1987, S. 30 ff.).

Auch bei Hans von Mangoldt (1824–1868) findet sich eine gewisse Nähe zum Pionierunternehmer. Die eigentlichen Meriten des für einen Liberalismus nach Maß eintretenden Freiburger Universitätsprofessors beruhen aber auf der Bereicherung der Außenhandelstheorie durch die Erweiterung der Theorie der komparativen Kosten, die über den Zwei-Güter-Fall hinausging, insbesondere aber auf seinen Beiträgen zur Preistheorie.

5.4 Literatur

Boelcke, W. A.: Liberalismus. In: HdWW, Band 5 (1980), S. 32–47.
Brandt, K.: Geschichte der deutschen Volkswirtschaftslehre, Band 1. Freiburg i. Br. 1992.
Eglau, H. O.: Die Mathematik des Ackerbaus. In: ZEIT-Punkte, Nr. 3: Zeit der Ökonomen. Hamburg 1993, S. 54–56.

Gide, C./Rist, C: Geschichte der volkswirtschaftlichen Lehrmeinungen. Jena 1921.

Hermann, F. B. W.: Staatswirthschaftliche Untersuchungen über Vermögen, Wirthschaft, Productivität der Arbeiten, Kapital. Preis, Gewinn, Einkommen und Verbrauch. München 1832.

Kolb, G.: Geschichte der Volkswirtschaftslehre. Dogmenhistorische Positionen des ökonomischen Denkens. München 2004.

Malthus, T. R.: An Essay on the Principle of Population, as it Affects the Future Improvement of Society, with Remarks of the Speculation of Mr. Godwin, M. Condorcet, and Other Writers. London 1798.

Mangoldt, H. v.: Grundriß der Volkswirthschaftslehre. Stuttgart 1863.

Recktenwald, H. C.: Friedrich von Hermann – ein Wegbereiter moderner Theorie. Frankfurt a. M./ Düsseldorf 1987.

Recktenwald, H. C. (Hrsg.): Über John Stuart Mills „Principles of Political Economy". Düsseldorf 1988.

Recktenwald, H. C. (Hrsg.): Über Thomas Robert Malthus' „Principles of Political Economy". Düsseldorf 1989.

Ricardo, D.: On the Principles of Political Economy, and Taxation. London 1817.

Say, J.-B.: Traité d'économie politique, ou simple exposition de la manière dont se forment, se distribuent, et se consomment les richesses. Vol. 1 und 2. Paris 1803.

Smith, A.: An Inquiry into the Nature and Causes of the Wealth of Nations. London 1776. [Der Wohlstand der Nationen. Nach der 5. Auflage (London 1789) übers. und hrsg. von H. C. Recktenwald. 7. Auflage, München 1996.]

Thünen, J. H. v.: Der isolierte Staat in Beziehung auf Landwirtschaft und Nationalökonomie. Stuttgart 1966.

6 Der Sozialismus

In der politischen und ökonomischen Ideengeschichte haben **sozialistische Strömungen** – und zwar jenseits der sozialen Problematik des Laissez-faire-Kapitalismus – immer eine wichtige Rolle gespielt. Erinnert sei an das gleichermaßen aristokratische wie sozialistische Gesellschaftsmodell Platons, an die als Chiliasmus bezeichnete Lehre von der Erwartung des tausendjährigen Reiches Christi, ferner an den im 14. und 15. Jahrhundert existierenden sozialistischen Staat der Inka und besonders an die mit den Namen Thomas Morus („Utopia"), Tommaso Campanella („Civitas solis") und Francis Bacon („Nova Atlantis") verbundenen Entwürfe einer idealen Ordnung von Wirtschaft und Staat, die zu Beginn der Neuzeit bzw. Anfang des 17. Jahrhunderts entstanden.

Man kann diese Staatsutopien, die dem Gedankengut des Humanismus entstammten, durchaus als Kritik an den damaligen sozialen Zuständen werten. Allerdings hatten die von ökonomischer Freiheit und dem Elend der Massen gekennzeichneten gesellschaftlichen Widersprüche im Zeitalter des aufkommenden Fabriksystems eine ganz andere Dimension. Die Lage der Arbeiterschaft war zu Beginn der liberalen Wirtschaftsepoche in den einzelnen europäischen Ländern zwar durchaus verschieden, in wesentlichen Punkten aber sehr ähnlich: niedrige Löhne aufgrund individueller Verträge (Entlohnung teilweise im Trucksystem), eine tägliche Arbeitszeit von bis zu 17 Stunden (ohne Sonntagsruhe), Kinderarbeit, Wohnungselend in den Städten etc. Es drängte sich also die Frage auf, wie solche Zustände mit den insgesamt verheißungsvollen Aussagen der liberalökonomischen Lehre vereinbar waren.

6.1 Frühsozialismus

Die **Gegenmodelle zu den bürgerlichen bzw. kapitalistischen Auffassungen**, die auf Missstände der bestehenden Ordnung abheben und meist mit der Beschreibung eines Idealzustands enden, bezeichnet man als Produkt frühsozialistischen Denkens, das während der Wende vom 18. zum 19. Jahrhundert begann.

Häufig handelt es sich bei diesen Konzeptionen einer besseren Ordnung um weltverbessernde Utopien, die mit dem Appell an die Vernunft verbunden wurden. Deshalb wird auch gelegentlich vom **utopischen Sozialismus** gesprochen. Nach einer Definition von Zimmerman (1961, S. 87) versteht man unter Utopisten Personen,

> die das gedankliche Modell einer besseren und idealen Gesellschaftsordnung entwerfen, die sie
> dann entweder in Büchern beschreiben oder in einer Musterkolonie zu verwirklichen versuchen;
> wobei sie – weil sie ihre Argumentation für so überzeugend und das Beispiel, das sie geben, für
> so nachahmenswert halten – in der Regel davon ausgehen, dass die Durchsetzung ihrer gesellschaftlichen Ideale keinerlei politischer Macht bedürfe.

DOI 10.1515/9783110530476-009

Dabei liegt die Bedeutung frühsozialistischer Ideen nicht so sehr darin, dass sie – trotz des abschätzigen Urteils von Karl Marx – zu einem gewissen Teil Eingang in marxistisches Denken gefunden haben. Wichtiger ist, dass diese Kritik an der kapitalistischen Ordnung zu ihrer allmählichen und sozialeren Umgestaltung beigetragen hat (vgl. Ramm 1968, S. IX f.).

Kritiker im Vorfeld bzw. zu Beginn der industriewirtschaftlichen Entwicklung ist der Schweizer Jean Charles Leonard Simonde de Sismondi (1773–1842), der eher dem **Präsozialismus** zuzuordnen ist. Er forderte unter anderem das Koalitionsrecht für die Arbeiter, ein Verbot der Kinder- und Sonntagsarbeit und eine Beschränkung der Arbeitszeit. In seinem 1819 erschienenen Hauptwerk „Nouveaux principes d'économie politique, ou de la richesse dans ses rapports avec la population" stellte er fest, dass der freie Wettbewerb in Verbindung mit dem Bestreben nach Kostensenkung zwar zu einem Maximum an Produktion, aber eben auch zu wachsenden sozialen Problemen bei der Verteilung führt. Da die Arbeiter nur das zum Lebensunterhalt nötige Entgelt erhalten, komme es, auch im Zuge einer Konzentration zu Großbetrieben, zur Proletarisierung der Arbeiter, zu Absatzstockungen, Arbeitslosigkeit und immer wiederkehrenden Krisen. Die Disproportionalität zwischen dem zunehmenden Angebot und der zurückbleibenden Nachfrage – Sismondis Krisentheorie ist eine Unterkonsumtionstheorie – wird als ein Strukturfehler der kapitalistischen Wirschaft angesehen, der eine Intervention des Staates nach sich ziehen müsse. Als wenig hilfreich beurteilte er dagegen eine sozialistische Änderung der Eigentumsordnung. Er sah vielmehr in der Existenz möglichst vieler selbstständiger landwirtschaftlicher und gewerblicher Betriebe die ideale Eigentumsstruktur der Wirtschaftsordnung.

Die **soziale Verantwortung des Unternehmers** gegenüber den von ihm als „sociétaires" bezeichneten Arbeitern betonte der bewusst auf seine Adelsprivilegien verzichtende Claude-Henri de Rouvray, Comte Saint-Simon-Sandricourt (1760–1825). „Nicht die Beziehung zwischen Arbeitgeber und Arbeitnehmer erscheint ihm problematisch. Das soziale Problem liegt für ihn vielmehr in der Eingliederung der Unproduktiven in den Arbeitsprozess und in der Versorgung der Arbeitsunfähigen." (Ramm 1968, S. XVII f.) Das Privateigentum an Produktionsmitteln und auch das individuelle Erbrecht sollten nach Saint-Simon nicht angetastet werden, es müsse aber dafür gesorgt werden, dass sich das Kapital der Nation stets in den Händen der besten „Wirte" befindet. Der Staat ist nach seiner und der Auffassung der Saint-Simonisten als Vereinigung der Werktätigen („industriels") zu organisieren. Dabei kommt bereits der kollektivistische Gesichtspunkt der Vergesellschaftung zum Vorschein.

Der **Genossenschaftssozialismus** war stärker individualistisch ausgerichtet. „Er fürchtet, dass das Einzelwesen in der Masse verloren gehe. Daher glaubte er, es besser in den Organisationen kleiner selbständiger Gruppen zu schützen, die sich übrigens in freien Verbänden zusammenschließen mögen; aber wenn es zum Zusammenschluss kommt, dann hat er von unten und nicht von oben zu kommen," (Gide/Rist 1921, S. 251). Im Gegensatz zu den liberalen Nationalökonomen sahen die Assozialisten in der freien Konkurrenz ein sich auf monopolistische Strukturen zubewegendes Vehikel, sie problematisierten das Profitstreben und versuchten, über die Schaffung eines neuen sozialen Milieus, via Kooperation, eine bessere Gesellschaftsordnung zu verwirklichen.

Charles Fourier (1772–1837) stellte die von ihm Phalangen („phalanstères") genannten Gemeinwesen von Personen aller Stände, Berufe und Altersgruppen in den Mittelpunkt seiner gesellschaftsstrukturellen Überlegungen. Robert Owen (1771–1858) war davon überzeugt, dass der Mensch das Produkt der ihn umgebenden Einflüsse sei und deshalb die Schaffung eines günstigen Milieus die Lösung aller sozialen Probleme bringen werde. Drei Sozialexperimente sind mit dem Namen Owens untrennbar verbunden: New Lanark (eine Baumwollspinnerei, die zum Vorbild für die spätere Arbeiterschutzgesetzgebung wurde), New Harmony (Versuch einer Gesellschaftsreform auf der Grundlage von Gemeinschaftssiedlungen) und „National Equitable Labour Exchange" (Waren wurden auf der Basis der für die Herstellung benötigten Arbeitszeit getauscht, Geld durch Arbeitsnoten ersetzt). Obwohl Owen von der Idee des Sozialismus geradezu fasziniert war, lehnte er klassenkämpferische und umstürzlerische Maßnahmen ab. Anknüpfend an den von Philippe Buchez (1796–1865) eingebrachten Gedanken der Überführung der Produktionsmittel einzelner Gewerbe über Produktivgenossenschaften in Arbeitnehmerhand, propagierte Louis Blanc (1813–1882), der das Konkurrenzprinzip ablehnte und eine zunehmende Konzentration der industriellen Betriebe prognostizierte, die Gründung von Arbeiterproduktivgenossenschaften mithilfe staatlicher Kredite. Schließlich sei noch auf Pierre Joseph Proudhon (1809–1865) hingewiesen. Der anarchistische Autor erregte mit seiner 1840 erschienenen Schrift „Qu'est-ce que la propriété?" Aufsehen, in der sich der berühmt gewordene Satz findet: „La propriété, c'est le vol légalisé". Allerdings geht es Proudhon nicht um das Privateigentum an Produktionsmitteln schlechthin, sondern um seine ungleiche und ungerechte Verteilung.

6.2 Wissenschaftlicher Sozialismus

Wenn in einem auf Marx zurückgehenden Verständnis vom „wissenschaftlichen Sozialismus" die Rede ist, dann geschieht dies im Hinblick auf das dezidierte Ziel einer **Kapitalismusanalyse**, die sich bewusst von den oft tatsächlich utopischen Zukunftsgemälden der Frühsozialisten abgrenzt. Hier verdient Karl Rodbertus-Jagetzow (1805–1875) Beachtung, jener pommersche Gutsbesitzer, der 1837 die „Forderungen der arbeitenden Klassen" schrieb. Er ließ sich allerdings nicht dazu bewegen, in den von Lassalle 1863 gegründeten „Allgemeinen Deutschen Arbeiterverein" einzutreten. 1842 veröffentlichte er „Zur Erkenntniss unserer staatswirthschaftlichen Zustände", ab 1850 verfasste er seine „Soziale[n] Briefe [...]", von denen der vierte den renommierten Titel „Das Kapital" trägt. Aus der Feststellung, dass die steigende Produktivität der Arbeit nicht den Arbeitern zugute kommt, sondern den Boden- und Kapitaleigentümern, leitete er einen sinkenden Anteil der Löhne am Nationalprodukt ab, woraus sich ein „Gesetz der fallenden Lohnquote" ergebe. Als Gegenmaßnahme schlug der später von Adolph Wagner als „Ricardo des Sozialismus" apostrophierte Verfechter der Arbeitswertlehre eine staatliche Einflussnahme auf die Arbeitslöhne vor. Generell gilt Rodbertus als maßgeblicher Vertreter staatssozialistischer Auffassungen.

1867 erschien „Das Kapital. Kritik der politischen Oekonomie. Erster Band: Der Produktionsprocess des Kapitals" von Karl Marx (1818–1883). Der zweite und dritte Band wurden posthum 1885 bzw. 1894 von Friedrich Engels herausgegeben. Marx wollte dokumentieren, dass „Der Cirkulationsprocess des Kapitals" und „Der Gesammtprocess der kapitalistischen Produktion", so die Titel des zweiten und dritten Bandes, auf die Selbstaufhebung der Gesetze der kapitalistischen Warenproduktion und auf die Etablierung einer sozialistischen Gesellschaftsordnung hinwirkten.

Karl Marx (1818–1883)

Von interessanten Vorfahren sowohl väterlicher als auch mütterlicherseits wird berichtet – die Rede ist von renommierten Rabbinern und talmudischen Gelehrten. Als **Heinrich Karl Marx** am 5. Mai 1818 als Sohn des angesehenen Advokatenanwalts und späteren Justizrats Heinrich Marx und dessen Ehefrau Henriette in Trier geboren wurde, war der Vater bereits zum evangelischen Glauben übergetreten. Die übrigen Familienmitglieder folgten mit Rücksicht auf die noch lebende Großmutter von Karl Marx, der strenggläubigen Witwe des Trierer Rabbiners, später, jedenfalls wurde der junge Marx erst 1824 getauft (vgl. Fetscher 1988, S. 81). Auch das liberale Umfeld und die frühe Bindung an Jenny von Westphalen, die Tochter eines preußischen Beamten in Trier, deuten kaum auf einen nachmaligen streitbaren Sozialisten hin. 1835 geht Marx zum Studium der Jurisprudenz zunächst nach Bonn und ein Jahr danach nach Berlin. Dort gerät er in einen Kreis von Linkshegelianern, wechselt 1838 zur Philosophie und wird 1841 (übrigens in absentia) von der Universität Jena aufgrund einer dort eingereichten Arbeit über „Die Differenz der demokritischen und epikureischen Naturphilosophie" zum Dr. phil. promoviert.

1842 wird Marx Mitarbeiter und dann Chefredakteur der „Rheinischen Zeitung" in Köln, die allerdings infolge von Zensur ihr Erscheinen gut ein Jahr später einstellen musste. 1834 zieht Marx nach Paris, um zusammen mit Arnold Ruge die „Deutsch-Französischen Jahrbücher" herauszugeben, von denen allerdings nur eine einzige Nummer publiziert wurde. Wegen kritischer Beiträge im „Vorwärts", einem kleinen, in Paris erscheinenden deutschen Wochenblatt, wurde Marx 1845 auf Veranlassung Preußens aus Frankreich ausgewiesen, worauf er nach Brüssel übersiedelte. Dort verfasste er unter anderem die 1847 veröffentlichte Streitschrift „Misère de la philosophie. Réponse à la philosophie de la misère de M. Proudhon". 1848 formulierte er zusammen mit Friedrich Engels das „Manifest der Kommunistischen Partei", und zwar im Auftrag einer geheimen Propagandavereinigung, des späteren „Bundes der Kommunisten". Berühmtheit erlangten der erste Satz und die drei Schlusssätze: „Ein Gespenst geht um in Europa – das Gespenst des Kommunismus". Und: „Die Proletarier haben [...] nichts zu verlieren als ihre Ketten. Sie haben eine Welt zu gewinnen. Proletarier aller Länder, vereinigt euch!" (MEW 4, S. 461 u. 493) Man darf allerdings hinzufügen, dass das Kommunistische Manifest bis in die 1870er-Jahre kaum einen nennenswerten Einfluss ausübte. Wiederum des Landes verwiesen, kehrt Marx – zunächst einer Einladung der provisorischen französischen Revolutionsregierung (1848er-Februarrevolution in Paris, ausgelöst durch wirtschaftliche Not und politische Rechtlosigkeit des Volkes) nach Paris folgend – 1848 nach Köln zurück und übernimmt dort die Schriftleitung der extrem linksorientierten „Neuen Rheinischen Zeitung", deren finanzieller Zusammenbruch nicht einmal ein Jahr auf sich warten ließ. 1849 verlässt er Deutschland, geht nach Paris, wird nach einer Demons-

Abb. 7: Karl Marx (1818–1883)

tration wieder ausgewiesen, begibt sich nach London, wo er nun seinen dauernden Wohnsitz nimmt, dabei zeitweise in ärmlichen Verhältnissen lebend und finanziell – Marx war als Journalist tätig, unter anderem ab 1852 als Korrespondent für den „New York Daily Tribune" – weithin auf Unterstützungen von Engels angewiesen.

1859 erschien das erste Heft „Zur Kritik der Politischen Oekonomie". Im Gegensatz zur Hegel'schen Annahme der Selbstentfaltung des Geistes (Idealismus) und zur Auffassung der Junghegelianer, die Wirklichkeit mittels Änderung des Bewusstseins umgestalten zu können, beruft sich Marx hier auf die Selbstentfaltung der wirtschaftlichen Kräfte (Materialismus). Das Hegel'sche System müsse „vom Kopf auf die Füße" gestellt werden: „Es ist nicht das Bewußtsein der Menschen, das ihr Sein, sondern umgekehrt ihr gesellschaftliches Sein, das ihr Bewußtsein bestimmt." (MEW 13, S. 9) Nachdem das erste Heft zu oben genanntem Titel vorlag, „da entdeckte Marx auch, daß er mit der Detailausführung der Grundgedanken der folgenden Hefte noch nicht vollständig im reinen sei […] Er fing also sofort wieder von vorn an […]" (Engels [1892] 1961, S. 186; tatsächlich wurden die 1858/59 geschriebenen „Grundrisse der Kritik der Politischen Ökonomie" erst ab 1939 vollständig publiziert). Statt jener Fortsetzung erschien dann erst 1867 „Das Kapital. Kritik der politischen Oekonomie. Erster Band: Der Produktionsprocess des Kapitals". Der zweite und dritte Band, von letzterem existierte nur ein lückenhafter Entwurf des Autors, wurden posthum 1885 bzw. 1894 von Friedrich Engels herausgegeben. Anfang der 1860er-Jahre arbeitete Marx auch am Manuskript des projektierten vierten Bandes des „Kapitals", wobei es sich um den historischen, den historisch-kritischen bzw. den historisch-literarischen Teil handeln sollte. Unter dem Titel „Theorien über den Mehrwert" erschien dieses als Geschichte der Politischen Ökonomie konzipierte Teilgebiet erstmals in den Jahren 1905 bis 1910, herausgegeben von Karl Kautsky (vgl. MEW 26, 1, S. V ff.).

1864 wirkte Marx maßgeblich an der Gründung der Ersten Internationale (International Working Men's Association) mit, die sich allerdings nach Richtungskämpfen mit führenden anarchistischen Mitgliedern (Bakunin, Proudhon) bereits 1876 auflöste. Zur deutschen, von Lassalle beeinflussten Arbeiterbewegung bestand ein eher distanziertes Verhältnis, dies kommt sehr deutlich in der 1875 verfassten „Kritik des Gothaer Programms" der Sozialdemokraten zum Ausdruck. Nach dem Zerfall der Internationale fungierte Marx vorzugsweise „als Berater des streitbaren Proletariats" (Engels), ansonsten zog er sich weitgehend in die Studierstube zurück, unermüdlich damit beschäftigt, zu dokumentieren, dass „Der Cirkulationsprocess des Kapitals" und „Der Gesamtprocess der kapitalistischen Produktion", so die Titel des zweiten und dritten Bandes des „Kapitals", auf die Selbstaufhebung der Gesetze der kapitalistischen Warenproduktion und auf die Etablierung einer sozialistischen Gesellschaftsordnung hinwirkten.

„Marxens Gelehrsamkeit und Reichtum an Ideen, ob falsch oder richtig, haben herausragende Vertreter aller Richtungen der ökonomischen Wissenschaft anerkannt: An ihm ist ihm wahrsten Sinne des Wortes ein typisch deutscher Gelehrter verlorengegangen. Hätte er einen philosophischen Lehrstuhl bekommen [einen solchen hatte er 1841 angestrebt, Anm. d. Verf.], sähe [...] unsere Welt sicherlich völlig anders aus." (Recktenwald 1988a, S. 13) Am 14. März 1883 ist Karl Marx in London gestorben.

6.3 Die Politische Ökonomie von Marx in Kurzfassung

Aus der relativen Arbeitswertlehre Ricardos ist bei Marx eine absolute geworden, basierend auf der Fiktion einer gesellschaftlich notwendigen Arbeitszeit. Vor dem Hintergrund der durch Klassenspaltung gekennzeichneten Produktionsverhältnisse wird die menschliche Arbeitskraft als Ware betrachtet. Diese erwirbt der Kapitalist zum Tauschwert, der ihm zustehende Gebrauchswert bringt ihm aber einen Mehrwert ein. Angenommen, der Arbeiter sei in der Lage, täglich zwölf Stunden zu arbeiten (= Gebrauchswert der Arbeitskraft). Der Tauschwert der durchschnittlich gesellschaftlich notwendigen Arbeitszeit zur Reproduktion der Arbeitskraft betrage aber nur sechs Stunden. Die Nutzung des Gebrauchswerts im Produktionsprozess schafft folglich einen entsprechenden Mehrwert. Je größer nun die Differenz zwischen Gebrauchswert und Tauschwert der Arbeit ist, desto größer ist folglich der Mehrwert. Dabei wird zwischen der Produktion eines absoluten und eines relativen Mehrwerts unterschieden. Der absolute Mehrwert ergibt sich aus der Verlängerung des Arbeitstags über die „notwendige Arbeitszeit" hinaus, die zur Reproduktion der Arbeitskraft aufzuwenden ist. Die Produktion des relativen Mehrwerts resultiert aus einer Verminderung der erforderlichen Arbeitszeit, die für die Herstellung der reproduktionsnotwendigen Lebensmittel benötigt wird. Möglich wird dies durch die Erhöhung der Produktivkraft der Arbeit durch technischen Fortschritt oder durch die Steigerung der Arbeitsintensität.

Marx geht von einem tendenziellen Fall der Profitrate aus und sieht in der Steigerung der Mehrwertrate über die Produktion des relativen Mehrwerts lediglich die Chance, das Sinken der Profitrate zeitweise auszugleichen (siehe dazu im Einzelnen sowie zur Marx'schen Kreislauftheorie Kolb 2004, S. 93 ff.).

Mit den sogenannten **Bewegungsgesetzen der kapitalistischen Wirtschaft** versuchte Marx, eine Prognose der künftigen Entwicklung in Richtung auf eine sozialistische/kommunistische „Gesellschaftsformation" abzugeben. Dabei werden im

Wesentlichen eine Akkumulations-, eine Konzentrations-, eine Verelendungs- und eine Krisentheorie unterschieden. Was die **Verelendungstheorie** angeht, prognostiziert Marx vor dem Hintergrund eines „Grundwiderspruchs der kapitalistischen Produktionsweise" (gesellschaftliche Produktion versus private Aneignung) eine ständige Freisetzung von Arbeitern (Anwachsen der „industriellen Reservearmee"), eine stete Herabsetzung des Wertes der Arbeitskraft und demnach einen permanenten Druck auf die Löhne. „Je grösser [...] die Lazarusschichte der Arbeiterklasse und die industrielle Reservearmee, desto grösser der officielle Pauperismus. Diess ist das *absolute, allgemeine Gesetz der kapitalistischen Accumulation.*" (1867, S. 631, Hervorh. i. Orig.) Der Widerspruch zwischen Arbeit und Kapital würde sich zur Sprengkraft der kapitalistischen Gesellschaft auswachsen. Gemäß der **Krisentheorie** käme es – als eine der kapitalistischen Wirtschaft immanente Erscheinung – zu zyklisch und in immer kürzeren Abständen auftretenden, zugleich an Umfang und Intensität zunehmenden Krisen, bis es schließlich „am Ende immerfort kriselt" und der Untergang der kapitalistischen Wirtschaft unvermeidbar wird. Im Klassenkampf zwischen Proletariat und Bourgeoisie weite sich die wirtschaftliche zu einer politischen Krise aus. In einem revolutionären Akt des Proletariats würden schließlich die Produktionsmittel in öffentliches Eigentum übergeführt werden. *„Die Stunde des kapitalistischen Privateigenthums schlägt. Die Expropriateurs werden expropriirt.*" (1867, S. 744, Hervorh. i. Orig.)

Im Zuge der **Weiterführung des marxistischen Lehrgebäudes** stehen sich radikale (Syndikalismus, Bolschewismus) und gemäßigte Richtungen (orthodoxer und revisionistischer Spielart) gegenüber. Insbesondere vonseiten des Revisionismus – und selbstverständlich von allen nicht marxistischen Kritikern – wird darauf hingewiesen, dass diese revolutionäre Abschlusskomponente den evolutionären Kategorien der Marx'schen Politischen Ökonomie eigentlich widerspricht.

6.4 Literatur

Gide, C./Rist, C: Geschichte der volkswirtschaftlichen Lehrmeinungen. Jena 1921.

Kolb, G.: Geschichte der Volkswirtschaftslehre. Dogmenhistorische Positionen des ökonomischen Denkens. München 2004.

Marx, K.: Das Kapital. Kritik der politischen Oekonomie. Erster Band. Buch I: Der Productionsprocess des Kapitals. Hamburg 1867.

Proudhon, P. J.: Qu'est-ce que la propriété? ou, Recherches sur le principe du droit et du gouvernement. Paris 1840.

Ramm, T. (Hrsg.): Der Frühsozialismus. Quellentexte. Stuttgart 1968.

Rodbertus-Jagetzow, C: Das Kapital. Vierter socialer Brief an v. Kirchmann (hrsg. v. A. Wagner u. T. Kozak). Berlin 1884.

Simonde de Sismondi, J. C. L.: Nouveaux principes d'économie politique, ou de la richesse dans ses rapports avec la population. 2 Bände. Paris 1819.

Zimmerman, L. J.: Geschichte der theoretischen Volkswirtschaftslehre. Köln 1961.

7 Der Historismus

Historisches Denken ist mehr als bloßes geschichtsbezogenes Räsonieren. Es ist auch mehr als das Verstehen der Gegenwart aufgrund geschichtlichen Wissens. Der Historismus misstraut vielmehr allzu raschen Verallgemeinerungen und plädiert stattdessen für eine eher relativierende Sicht. Im Kern geht es um die These von der Standortgebundenheit historischer Erkenntnis.

In der Volkswirtschaftslehre manifestiert sich der Historismus – nach sporadischen Andeutungen einzelner merkantilistischer (Steuart) und liberaler (Malthus, Mill) Autoren – zunächst in der Staats- und Wirtschaftslehre der Romantik. Friedrich List ist als Vorläufer der Historischen Schule der Nationalökonomie anzusehen, die sich in einen älteren und einen jüngeren Zweig gliedert. Schließlich verdienen auch die Nachfolgephasen der Historischen Schule und spezielle Richtungen der Historismus-Nachfolge Beachtung.

7.1 Die Staats- und Wirtschaftslehre der Romantik

Unter der Romantik versteht man die um die Wende des 18. zum 19. Jahrhundert in Deutschland aufkommende und sich allmählich zur gesamteuropäischen Bewegung ausweitende Reaktion auf Rationalismus und Utilitarismus sowie auf die mit der Französischen Revolution einhergehenden politischen Ideen und Lebensumstände.

Es wäre eine Überbewertung, würde man von einer Romantischen Schule der Nationalökonomie sprechen, denn neben dem Hauptvertreter der romantischen Staats- und Wirtschaftslehre, Adam Müller (1779–1829), sind mit dem Sozialphilosophen Franz von Baader, dem „Sozialpropheten" Thomas Carlyle und dem Sozialethiker John Ruskin bereits die wichtigsten Repräsentanten dieser Richtung gezählt. Nicht von ungefähr spricht man deshalb auch eher von der politischen, kaum jedoch von einer ökonomischen Romantik. Die konservative Haltung im philosophisch-literarisch-staatswissenschaftlichen Umfeld wirkte denn auch vorzugsweise auf die Politik ein. Schon Justus Möser (1720–1794), er gilt als Vorläufer der politischen Romantik, sieht das Volk als hierarchisch strukturiertes organisches Gebilde an. Kennzeichnend für diese Auffassung der Gesellschaft war die der Biologie entlehnte Sicht des Organismus (organische Gesellschaftslehre).

Auch bei Adam Müller steht die Subordination des Einzelnen gegenüber übergeordneten organischen Ganzheiten im Zentrum seines Denkens. So wird etwa im Geld „eine allen Individuen der bürgerlichen Gesellschaft inhärierende Eigenschaft" erkannt ([1809] 1936, S. 218), welche die einzelnen Wirtschaftssubjekte zu einer Ganzheit, zu einer Gemeinschaft, zum Zusammenwirken verbindet. Ganz allgemein wird die Wirtschaft – wobei auf das Phänomen der Bedürfnisse abgestellt wird – als Funktion im Dienst der Gemeinschaft gesehen und Kritik am Individualismus und Kosmo-

DOI 10.1515/9783110530476-010

politismus Smith'scher Provenienz sowie generell an der Industrialisierung geübt. Mit seinem Eintreten für die Aufrechterhaltung traditionaler Strukturen bzw. seiner Rückwendung zu ständischen Formen verkörpert Müller den Prototyp des neuerungsskeptischen Denkers.

7.2 Friedrich List – Vorläufer der Historischen Schule

Im Gegensatz zu Adam Müller gilt **Friedrich List** (1789–1846) – jener geniale, umtriebige, aber auch unstete Visionär – geradezu als „Industrialisierungsideologe" (Hardach 1990), der sich zudem durch Kompromisslosigkeit auszeichnete und zeitlebens gegen die Restauration anging (siehe dazu im Einzelnen Kolb 2004, S. 105 ff.).

Lists Stärke lag mehr im Praktischen, weniger im Theoretischen, mehr in der – nicht abwertend gemeinten – wirtschaftspolitischen Agitation, wohl auch mehr in der didaktischen Umsetzung und nicht so sehr in der Originalität seiner Ausführungen. Trotzdem besteht kein Anlass, **Lists theoretisches Bemühen**, bei dem es um drei miteinander verwobene Aspekte geht, geringzuschätzen.

Da ist einmal die Idee des Nationalen. Der „Schule", wie er die auf Smith aufbauende Lehre leicht abschätzig nannte, machte er zum Vorwurf, dass sie „vor lauter Menschheit, vor lauter Individuen" nicht die Nationen sehe (1841, S. VII). Für das Mittelglied in der Kette individualer, nationaler und globaler Betrachtungsweise wird der Terminus **politische Ökonomie mit dem Anspruch der politischen Gestaltung** geschaffen und diese politische der „kosmopolitische(n) Idee der absoluten Freiheit des Welthandels" (1841, S. 184) gegenübergestellt. Die Theorie der kosmopolitischen Ökonomie ignoriere nämlich „die besonderen Zustände der Nationen", sie „kennt keinen Unterschied zwischen Nationen, welche einen höheren Grad ökonomischer Ausbildung erreicht haben, und denjenigen, welche auf einer niedrigern Stufe stehen" (1841, S. 250 f.).

Davon leitet List seine für das Denken in Entwicklungen charakteristische **Wirtschaftsstufentheorie** ab, die zugleich im Kontext des Erziehungszollarguments steht.

Ebenfalls in Verbindung mit dem Fördermittel Erziehungszoll ist Lists **Theorie der produktiven Kräfte** zu sehen: „Die Kraft, Reichthümer zu schaffen, ist [...] unendlich wichtiger, als der Reichthum selbst" (1841, S. 201).

Friedrich List (1789–1846)

Geboren im Jahr der Französischen Revolution in der damals noch Freien Reichsstadt Reutlingen, wahrscheinlich am 6. August 1789, Abgang als 14-Jähriger von der Lateinschule, wenig erfolgversprechende Erprobung als Lehrling im väterlichen Weißgerbergewerbe, drei Jahre Schreiberinzipient in der Gemeindeverwaltung, also Ausbildungszeit für den mittleren Verwaltungsdienst, – das sind keine ungewöhnlichen Lebensdaten für einen Handwerkersohn. Ungewöhnlich war dagegen eine vom noch nicht einmal 25-jährigen Oberamtsaktuar verfasste Denkschrift zur „Reform des Stadt- und Amtsschreiberey-Wesens" an den württembergischen Innenminister, gefolgt von in kurzen Abständen erarbeiteten weiteren Denkschriften zur Verwaltungsreform, einschließlich seines Vorschlags, für die Ausbildung von Verwaltungsfachleuten einen eigenen Studiengang für Staatsgelehrtheit an der Universität Tübingen einzurichten, wobei sich **Friedrich List** als geeigneten Professor für Staatspraxis beim zuständigen Minister selbst ins Gespräch brachte – und gegen das Votum des Senats der Universität – als 28-jähriger Autodidakt (ohne eine höhere Schule absolviert zu haben) auch reüssierte, allerdings von Professoren und Studenten gleichermaßen „gehaßt und mißachtet" (Mohl, zit. nach Henderson 1984, S. 37). Nach obrigkeitlichen Verwarnungen an List und Informationsersuchen an die Universität in Bezug auf Lists liberal-nationale Reformvorstellungen und Aktivitäten reichte er im Mai 1819 um seine Entlassung als Universitätslehrer ein.

List war kurze Zeit vorher – zum Widerwillen seines Dienstherrn – zum Geschäftsführer des unter seiner Mitwirkung in Frankfurt am Main gegründeten Deutschen Handels- und Gewerbsvereins gewählt worden, letzterer forderte die Bildung einer Zollunion der Mitgliedstaaten des Deutschen Bundes. Die Aufhebung der Kontinentalsperre führte in jener Zeit zu einer Überschwemmung der 39 deutschen Länder mit billigen englischen Erzeugnissen. Gegen die Importflut formulierte List eine Bittschrift an die Bundesversammlung, in der die Abschaffung der innerdeutschen Zölle zugunsten eines gemeinsamen Außenzolls empfohlen wurde. In dieser Bittschrift finden sich die seither oft zitierten, eindringlichen Sätze: „Achtunddreißig Zoll- und Mautlinien in Deutschland lähmen den Verkehr vom Innern und bringen ungefähr dieselbe Wirkung hervor, wie wenn jedes Glied des menschlichen Körpers unterbunden wird, damit das Blut ja nicht in ein anderes überfließe. Um von Hamburg nach Österreich, von Berlin in die Schweiz zu handeln, hat man zehn Staaten zu durchschneiden, zehn Zoll- und Mautordnungen zu studieren, zehnmal Durchgangszoll zu bezahlen. Wer aber das Unglück hat, auf einer Grenze zu wohnen, wo drei oder vier Staaten zusammenstoßen, der verlebt sein ganzes Leben unter feindlich gesinnten Zöllnern und Mautnern; der hat kein Vaterland." ([1819], zit. nach Henderson 1984, S. 45) Zusätzlich zur Zollunion schlug List dem Deutschen Bund die Konstituierung eines nationalen Parlaments, eines nationalen Heeres, eines Bundesgerichtshofs vor. List wurde zudem einer der einflussreichsten politischen Journalisten seiner Zeit, für beinahe dreißig Periodika hatte er geschrieben, immer wieder gründete er neue Zeitungen und Zeitschriften.

Als Abgeordneter der Stadt Reutlingen im württembergischen Landtag verfasste er 1821 eine Flugschrift, die sogenannte „Reutlinger Petition", in der Missstände in der Verwaltung und Rechtsprechung scharf angegriffen wurden. Die Petition wurde konfisziert, List verlor sein Landtagsmandat

Abb. 8: Friedrich List (1789–1846)

und wurde 1822 wegen Verleumdung der Regierung, der Gerichts- und Verwaltungsbehörden und der Staatsdiener, vor allem aber wegen Majestätsbeleidigung zu zehnmonatiger Festungshaft verurteilt. List entzog sich der Haftstrafe zunächst durch Flucht ins Ausland. 1824 zurückgekehrt und auf Begnadigung hoffend, wurde er dennoch in der Festung Hohenasperg inhaftiert. Erst sein Versprechen, Württemberg, Deutschland und Europa „freiwillig" zu verlassen und zu wissenschaftlichen Zwecken nach Nordamerika auszuwandern, brachte ihm eine Haftverschonung von fünf Monaten.

In den USA glaubte er zunächst, eine neue Heimat gefunden zu haben. Er versuchte sich in einem Zeitraum von sechs Jahren, zumindest teilweise erfolgreich, unter anderem als Farmer, als Entdecker von Kohlevorkommen und zugleich als Bergbauunternehmer, ferner als Redakteur einer deutschsprachigen Zeitung und als Pionier des Eisenbahnbaus in Pennsylvania. Für die im Aufbau begriffene pennsylvanische Industrie, die unter dem Druck der englischen Konkurrenz leidet, propagierte er Schutzzölle. Nach seiner Ende 1830 erfolgten Rückkehr nach Europa – List hatte inzwischen die amerikanische Staatsbürgerschaft erhalten – lebte er im darauffolgenden Jahr die meiste Zeit als Amerikaner in Paris, dort vergeblich auf das noch ausstehende Agrément als US-Konsul in Hamburg wartend. Im Juli 1832 wurde er stattdessen zum Konsul in Baden ernannt, womit allerdings kein festes Einkommen verbunden war.

Am 1. Januar 1834 ging mit der Gründung des Deutschen Zollvereins ein Lebenstraum des Wegbereiters, wenngleich in modifizierter Form, in Erfüllung. Im selben Jahr wurde Friedrich List zum amerikanischen Konsul im Königreich Sachsen ernannt, eine Funktion, die er drei Jahre ausübte. In dieser Zeit war er auch für den Bau der ersten deutschen Ferneisenbahnverbindung zwischen Leipzig und Dresden aktiv, außerdem entwarf er ein gesamtdeutsches Eisenbahnstreckennetz. Seine Hoffnung, das Bahnengagement könnte mit einer festen Anstellung bei einer Eisenbahngesellschaft belohnt werden, ging allerdings nicht auf. „Man bediente sich gern der Kompetenz und Einsatzbereitschaft des Außenseiters, um ihn dann mit einem schmalen Honorar abzuwimmeln. Bis zu seinem Tod haftete ihm die Aussätzigkeit des Radikalen, des politischen Häftlings, des Unruhestifters an, dem man nicht zu nahe kommen wollte." (Daniels 1989, S. 30)

1837 beteiligte sich List an einer von der Pariser Akademie des Sciences Morales et Politiques ausgeschriebene Preisfrage und reichte dazu ein Skript ein, das später den Titel „Système naturel d'économie politique" erhielt. Der als „ouvrage remarquable" belobigten Arbeit wurde zwar kein Preis zugesprochen (ein solcher wurde überhaupt nicht vergeben), dennoch bildete sie die Grundlage für sein 1841 erschienenes Hauptwerk „Das nationale System der politischen Oekonomie. Erster Band. Der internationale Handel, die Handelspolitik und der deutsche Zollverein" (geplant war tatsächlich ein mehrbändiges Werk).

In den letzten Jahren seines Lebens versuchte Friedrich List im Rahmen privater Reisen seine Visionen von politisch-ökonomischen Blockbildungen zu vermitteln. So träumte er von einem politisch geeinten (Groß-)Deutschland, das zusammen mit den Ungarn Südosteuropa zu einer Blüte verhelfen sollte. In London warb er – das heraufziehende nordamerikanische Imperium vor Augen – erfolglos um eine Allianz zwischen Großbritannien und dem Deutschen Zollverein (siehe im Einzelnen Henderson 1984, S. 121 ff.). Weil man ihn immer wieder als Söldling der Industrie verdächtigte, fühlte er sich tief verletzt; auch Existenzsorgen, vor allem aber sich verstärkende Depressionen mögen der Grund gewesen sein, weshalb er am 30. November 1846 in Kufstein seinem Leben selbst ein Ende setzte.

Man wird Lists Persönlichkeit wohl angemessen charakterisieren, wenn man in ihr einen genialen, umtriebigen, aber auch unsteten Visionär sieht. 1989 stellte Karl Häuser treffend die vielfältigen Begabungen seines württembergischen Landsmanns heraus: „Er besaß die Fähigkeit zum Staatsmann, Schriftsteller, Politiker, Publizisten, Wissenschaftler und Unternehmer. Obwohl er in all diesen Eigenschaften, wenngleich in unterschiedlichem Maße und mit einer einzigen Ausnahme, seinen Platz in der Geschichte verfehlte, genügte doch schon eine dieser Tätigkeiten, die des Wissenschaftlers, um der bekannteste deutsche Nationalökonom zu werden [...]" (S. 47).

7.3 Die Historische Schule

Als Begründer der Historischen Schule gilt Wilhelm Roscher (1817–1894), der mit der Absicht antrat, die von ihm als politische Wissenschaft eingestufte Nationalökonomie „nach historischer Methode" umzugestalten. Stark von der Romantik beeinflusst, entwarf der zudem von lutherischer Observanz bestimmte Roscher „eine Konzeption der Volkswirtschaft, die Menschen nicht als bloße Einzelwesen zu sehen vermochte oder sehen wollte, sondern ‚gliedhaft‘ eingefügt in eine ‚übergeordnete Gemeinschaft‘ religiös-transzendenter Struktur und Färbung" (Eisermann 1956, S. 122). Nach Einschätzung Max Webers ist es vor allem Bruno Hildebrand (1812–1878), „in gewissem Sinne sogar nur er, [der] mit der heute als historisch bezeichneten Methode wirklich gearbeitet hat" ([1903] 1973, S. 2).

Zu den drei Großen der sogenannten **Älteren Historischen Schule** zählt schließlich der der Fortschrittsgläubigkeit seiner Zeit am meisten zugetane Karl Knies (1821–1898). Auch er attackiert die nur „begrenzten Wahrheiten" der klassischen Theorie und setzt in diesem Zusammenhang auf die Unterscheidung zwischen Naturgesetzen und den lediglich der „Methode der Analogie" entsprechenden Wirtschaftsgesetzen.

Die **Abgrenzung der älteren von der jüngeren Richtung der Historischen Schule** geht auf einen in den 1880er-Jahren zwischen Vertretern der Grenznutzenschule und der Jüngeren Historischen Schule entbrannten **Methodenstreit** zurück. Dabei ging es um die Frage der adäquaten Forschungsmethode in der Volkswirtschaftslehre. Da auch das grundsätzliche Problem des Wirklichkeitsbezugs in der Nationalökonomie zur Diskussion stand, wird diese Auseinandersetzung durch den formalen Gegensatz von induktivem und deduktivem Verfahren (Gustav Schmoller vs. Carl Menger) nur unvollkommen wiedergegeben.

Haupt der **Jüngeren Historischen Schule** war Gustav Schmoller (1838–1917). Er betonte die Notwendigkeit, durch Beobachtung und Beschreibung ökonomischer, insbesondere auch wirtschaftshistorischer Einzeltatbestände und unter Verzicht auf vorschnelle Verallgemeinerungen „Bausteine" für eine nationalökonomische Theorie bereitzustellen. Damit wurde zunächst eine monografische Detailforschung zur Erhellung der geschichtlichen Wirklichkeit gefordert. Allerdings war es nicht die Absicht Schmollers, die induktive Verfahrensweise zu beenden. So nannte er als Hauptaufgaben dieser Wissenschaft: „1. richtig beobachten, 2. gut definieren und klassifizieren, 3. typische Formen finden und kausal erklären" (1900, S. 100).

Schumpeter (1926, S. 381 f.) charakterisiert und würdigt die Vorgehensweise Schmollers wie folgt:

Mit einer Minimalbelastung an Apriori an das Material herantreten, damit Zusammenhänge zu erfassen suchen, dabei das Apriori für die Zukunft vermehren und neue Auffassungsweisen erarbeiten, die weiterem Material gegenüber als (provisorisch) vorhandenes Rüstzeug dienen und so weiter in steter Wechselwirkung zwischen Material und gedanklicher Verarbeitung. Dass dieses Programm einmal als Spezifikum einer besonderen Schule betrachtet werden konnte, kennzeichnet die Aufgabe, die er vorfand, dass es das heute nicht mehr ist, seinen Erfolg.

Abb. 9: Gustav Schmoller (1838–1917)

Unter den weiteren Vertretern der Jüngeren Historischen Schule – wir beschränken uns auf die namhaftesten Repräsentanten – sind Georg Friedrich Knapp (1842–1926) mit seiner „staatlichen Theorie des Geldes", jener nominalistischen Auffassung vom Geld als einer Schöpfung der Rechtsordnung, zu nennen, weiter Lujo Brentano (1844–1931), unter anderem mit Arbeiten über den Zusammenhang von Arbeitslohn und Arbeitsleistung, und schließlich Karl Bücher (1847–1930). Letzterer fand neben seiner algebraischen Formulierung des Gesetzes der Massenproduktion vor allem wegen der nach dem Kriterium „Länge der Absatzwege" konstruierten Wirtschaftsstufentheorie mit ihrer Gliederung in geschlossene Hauswirtschaft, Stadtwirtschaft und Volkswirtschaft Aufmerksamkeit. Diese Stufenfolge wurde von Bücher jedoch nur als methodisches Hilfsmittel begriffen, um über die Aufdeckung der Entwicklungsgesetze jeweils eine ökonomische Theorie zu initiieren.

7.4 Nachfolgephasen der Historischen Schule

Als **erste Nachfolgephase** kann das **Bemühen um gestalttheoretische Ansätze** gesehen werden, wobei das Ende der Wirtschaftsstufentheorien und damit das Zurückdrängen des Entwicklungsgedankens bereits Anfang des 20. Jahrhunderts mit dem von Max Weber eingebrachten Begriff des Idealtypus eingeläutet wurde.

Wiederum in Auseinandersetzung mit dem Idealtypus entwickelte Werner Sombart (1863–1941) ab 1925 seine „Idee" (Gedankenbild), später „Gestaltidee" genannt, des Wirtschaftssystems. Unter einem Wirtschaftssystem versteht Sombart eine als „sinnvolle Einheit" erscheinende Wirtschaftsweise, bei der die Grundbestandteile der Wirtschaft, nämlich Geist (Wirtschaftsgesinnung), Form (Ordnung) und Technik, jeweils eine bestimmte Gestaltung aufweisen. „Es ist die als geistige Einheit gedachte Wirtschaftsweise, die (1.) von einem bestimmten Geiste beherrscht, (2.) eine bestimmte Ordnung und Organisation hat und (3.) eine bestimmte Technik anwendet" (1925, S. 14). Mit Geist meint Sombart die Wirtschaftsgesinnung, die einer Epoche das Gepräge gibt, etwa den Geist der Gotik oder den Geist des Kapitalismus. Mit dem Begriff „Form" (Ordnung) wird die soziale Geordnetheit erfasst und Technik wird als die Wahl des Mittels bei gegebenem Zweck verstanden. Wohlgemerkt geht es beim Wirtschaftssystem um die sinnvolle Vereinigung von Strukturelementen der Grundbestandteile, um Sinnverwandtschaften, um Sinnadäquanz.

Eine weitere, auf innere Einheit und Sinnbezogenheit ausgerichtete Vorgehensweise liegt in der **Wirtschaftsstilbetrachtung** von Arthur Spiethoff (1873–1957) vor. Auf gestalttheoretisches Denken stützt sich schließlich auch die vorzugsweise in den 1950er-Jahren von HansJürgen Seraphim (1899–1962) entwickelte Lehre von den wirtschaftlichen Grundgestalten.

Suchte man in der ersten Phase der Historismus-Nachfolge vorzugsweise nach Typologien (siehe dazu Kolb 2012, S. 108 ff.), so geht es in der zweiten Phase um eine Vertiefung dieser Gedankengänge, um grundlegende Erkenntnisse jenseits des historischen Wandels zu gewinnen. Es geht also um eine ontologische Fundierung, welche auf das überzeitliche Wesen der Erscheinungen abstellt, auf das Unwandelbare jeder Wirtschaft, das sie sozusagen konstituiert, d. h. existenzfähig macht. (Zur Theorie der zeitlosen Wirtschaft siehe im Einzelnen Weippert [1961] 1967, S. 144–222.)

7.5 Spezielle Richtungen der Historismus-Nachfolge

Basierend auf dem **Universalismus**, jener Ganzheitslehre, die im Gegensatz zum Individualismus die Gesellschaft als „das Erstwesentliche" ansieht, versuchte Othmar Spann (1878–1950) in der Zwischenkriegszeit eine universalistische bzw. (in Anknüpfung an Adam Müller) neoromantische Schule aufzubauen.

Eine **„sozialrechtliche Richtung der Volkswirtschaftslehre"** verfolgte Karl Diehl (1864–1943), wobei er sich auf Vorarbeiten des Rechtsphilosophen Rudolf Stammler stützte. Dabei wird auf den Zusammenhang von Wirtschaft und Recht abgestellt, bzw. auf den Rahmen, den rechtliche Normen für die Gesellschaftsordnung im weiteren Sinn setzen.

Als weitere Richtung, die in der Historischen Schule wurzelt, ist schließlich der auf Thorstein B. Veblen (1857–1929) zurückgehende **Institutionalismus** – als Sonderweg der amerikanischen Volkswirtschaftslehre – zu nennen (nicht zu verwechseln mit der „neuen Institutionenökonomik", die mit der Neoklassik im Zusammenhang steht).

Es scheint geboten, an dieser Stelle die betriebswirtschaftliche Entwicklungslinie wieder aufzugreifen. Aber dies vorweg: Die **Aufspaltung der Wirtschaftswissenschaft** in eine **Volks-** und eine **Betriebswirtschaftslehre** ist relativ jungen Datums und letztlich eine Folge der Vernachlässigung der betrieblichen Perspektive durch die Nationalökonomie im 19. Jahrhundert. Hinzu kam, dass der unter dem Eindruck des Bedarfs an qualifizierten Kaufleuten 1897 vom Deutschen Verband für das kaufmännische Unterrichtswesen vorgelegte Plan zur künftigen Gestaltung des kaufmännischen Bildungswesens mit den drei Sparten einer Fortbildungsschule, einer mittleren und höheren Handelsschule sowie einer Hochschule rasch Früchte trug: Gründung von Handelshochschulen 1898 in Leipzig und Aachen, 1901 in Köln und Frankfurt a. M., 1906 in Berlin, 1907 in Mannheim, 1910 in München, 1915 in Königsberg und 1919 in Nürnberg; all diese Neugründungen wurden später entweder zu eigenen Universitäten ausgebaut oder mit bereits bestehenden wissenschaftlichen Hochschulen verschmolzen. Damit konnte sich – als eine deutsche Besonderheit – zu Beginn des 20. Jahrhunderts neben der Volkswirtschaftslehre eine damals meist **Privatwirtschaftslehre**, gelegentlich auch **Handelsbetriebslehre** benannte Betriebswirtschaftslehre etablieren.

Was die Entwicklung der Betriebswirtschaftslehre angeht, übernehmen wir den 1966 von Erich Schäfer im Handbuch der Wirtschaftswissenschaften dargestellten Sechs-Phasen-Verlauf:

(1) „etwa bis zum 1. Weltkrieg: gehobene Handelstechnik, insbesondere Buchhaltungs- und Bilanztechnik." (S. 15) Es handelt sich um die mit den Namen Schär und Schmalenbach verbundene „Zeit der Buchhaltungstheorien".

(2) Bereits ab 1911 „treten die ersten geschlossenen Systeme der Betriebswirtschaftslehre auf" (S. 16) (Hellauer, Nicklisch, auch Rieger 1928).

(3) „Unter dem Einfluß der Inflationserfahrungen wurde nach dem ersten Weltkrieg vor allem die Bilanztheorie zum Hauptthema der betriebswirtschaftlichen Forschung (E. Schmalenbach, F. Schmidt [...], W. Rieger und andere)." (S. 16)

(4) Zwischen 1923 und 1930 „Vordringen systematischer Forschungsarbeit auf dem Gebiete der Markt- und Absatzfragen." (S. 16)

(5) Nach 1933 unter Einfluss der Politik „Mensch im Betrieb" und Organisationslehre (S. 17)

(6) Nach dem Zweiten Weltkrieg wird „mindestens teilweise ein enger Konnex zur Volkswirtschaftlichen Theorie gesucht (moderne Kosten- und Preistheorie, Theorie der Marktformen)." (S. 17 f.)

Leider müssen wir an dieser Stelle aus Platzgründen das Aufzeigen der betriebswirtschaftlichen Entwicklungslinie abbrechen. Nur stichwortartig sei noch auf jüngere betriebswirtschaftliche Konzeptionen hingewiesen, nämlich auf den faktor- bzw.

produktivitätsorientierten Ansatz nach Gutenberg, den entscheidungsorientierten Ansatz nach Heinen, den systemorientierten Ansatz nach Ulrich und den arbeitsorientierten Ansatz nach den Vorstellungen des DGB (mit dem Fokus auf die abhängig Beschäftigten); schließlich kann im Anschluss an Coase noch ein institutionenökonomischer Ansatz genannt werden.

7.6 Literatur

Eisermann, G.: Die Grundlagen des Historismus in der deutschen Nationalökonomie. Stuttgart 1956.

Kolb, G.: Einführung in die Volkswirtschaftslehre. Wissenschafts- und ordnungstheoretische Grundlagen. München 2012.

Kolb, G.: Geschichte der Volkswirtschaftslehre. Dogmenhistorische Positionen des ökonomischen Denkens. München 2004.

List, F.: Das nationale System der politischen Oekonomie. Erster Band. Der internationale Handel, die Handelspolitik und der deutsche Zollverein. Stuttgart/Tübingen 1841.

Müller, A.: Die Elemente der Staatskunst. Sechsunddreißig Vorlesungen (1808/09). Meersburg am Bodensee/Leipzig 1936.

Schäfer, E.: Grundfragen der Betriebswirtschaftslehre. In: Handbuch der Wirtschaftswissenschaften (hrsg. von K. Hax und Th. Wessels). Band I: Betriebswirtschaft. Köln-Opladen 1966, S. 9–42.

Schumpeter, J.: Gustav v. Schmoller und die Probleme von heute. In: Schmollers Jahrbuch für Gesetzgebung, Verwaltung und Volkswirtschaft im Deutschen Reiche, 50. Jg., Leipzig 1926, S. 337–388.

Schmoller, G.: Grundriß der Allgemeinen Volkswirtschaftslehre. I. Teil. Leipzig 1900.

Sombart, W.: Die Ordnung des Wirtschaftslebens. Berlin 1925.

Weber, M.: Roscher und Knies und die logischen Probleme der Historischen Nationalökonomie (1903–06). In: Weber, M.: Gesammelte Aufsätze zur Wissenschaftslehre, hrsg. v. J. Winckelmann. Tübingen 1973, S. 1–145.

Weippert, G.: Zur Theorie der zeitlosen Wirtschaft (1961). In: ders.: Aufsätze zur Wissenschaftslehre. Band II: Wirtschaftslehre als Kulturtheorie. Göttingen 1967, S. 144–222.

8 Die Grenznutzenlehre

Die Spuren nutzentheoretischer Überlegungen in der Nationalökonomie reichen weit zurück: Den Unterschied zwischen Tauschwert und Gebrauchswert hat schon Aristoteles erkannt. Ausgehend vom Phänomen der Bedürfnisse kam der Philosoph – mit Blick auf Nützlichkeit und Seltenheit – zu einer rein subjektiven Theorie des wirtschaftlichen Wertes. Auch in der Scholastik wurde das subjektive Moment der Bedürfnisse für den Wert der Güter betont (zugleich aber auch die objektivistische Wertlehre durch die Feststellung, dass *labores et expensae* durch den Tausch erstattet werden sollten). Davanzati, Montanari und Galiani gelten als die Nutzentheoretiker des Merkantilismus. Beachtung verdienen schließlich die detaillierten werttheoretischen Einlassungen des Physiokraten Turgot.

Wenn in den frühen nationalökonomischen Überlegungen der Gebrauchswert der Waren im Blickpunkt stand, dann sah man jeweils auf den absoluten, den grundlegenden, den kardinalen Gesamtnutzen, den ein Gut für ein Individuum erbringt. Davon zu unterscheiden ist das für die Grenznutzenlehre konstitutive Moment des absoluten (kardinalen) Nutzens der letzten neu hinzukommenden Teilmenge eines Gutes. Es handelt sich dabei um einen Gedanken, der dann – unter Verzicht auf die Annahme einer exakten Nutzenmessung – in die Vorstellung eines relativen (ordinalen), eine Position auf einer Rangskala widerspiegelnden Nutzens einmündet.

Am Anfang der wirtschaftstheoretischen Grenznutzenanalyse steht Juvénal Dupuit (1804–1866), dem der Ruhm gebührt, „als erster das marginale Denken bei der Analyse der hinter der Nachfrage der Verbraucher stehenden subjektiven Wertschätzungen verwendet zu haben" (Schneider 1965, S. 165). Der Nutzen eines Gutes wird von Dupuit nicht nur als für jeden Konsumenten verschieden erkannt, sondern auch verschieden für denselben Konsumenten: „Der Nutzen eines Stückes Brot kann für das gleiche Individuum von Null bis zur Größe seines ganzen Vermögens wachsen." (Dupuit, zit. nach Schneider 1965, S. 166) Allerdings fanden die unter Verwendung geometrischer Darstellungen zwischen 1844 und 1853 publizierten marginalistischen Beiträge zu Lebzeiten des Verfassers kaum Beachtung.

8.1 Hermann Heinrich Gossen und die Gossen'schen Gesetze

Beinahe ein Vierteljahrhundert unbeachtet blieb auch ein 1854 erschienenes Buch mit dem etwas umständlichen Titel „Entwickelung der Gesetze des menschlichen Verkehrs, und der daraus fließenden Regeln für menschliches Handeln", das der Autor Hermann Heinrich Gossen (1810–1858), „königlich preußischer Regierungs-Assessor außer Dienst", in der Vorrede wichtigtuerisch mit dem Satz anpries: „Was einem Kopernikus zur Erklärung des Zusammenseins der Welten im Raum zu leisten gelang, das glaube ich für die Erklärung des Zusammenseins der Menschen auf der Erdoberfläche zu leisten." (Gossen 1854, S. V)

DOI 10.1515/9783110530476-011

Merkwürdig ist es allemal, dass Gossen, nach Ausbleiben der erhofften Resonanz, alle noch beim Verlag vorhandenen Exemplare zurückforderte. Allein dieses Aus-dem-Verkehr-Ziehen erklärt schon die geringe Verbreitung des an sich genialen Werkes. Man muss aber auch hinzufügen, dass sich das 277 Seiten umfassende Buch – ohne jede Klassifikation in Kapitel bzw. Abschnitte, ohne auch nur eine einzige Überschrift und zudem in einer äußerst schwerfälligen Diktion – wegen erheblicher didaktischer Mängel nicht gerade als Lektüre aufdrängte. Erst 1878 wurde Gossens Theorie des Nutzens eher zufällig wiederentdeckt.

Die „kopernikanische Wende" sieht Gossen in der Ableitung des Wertes aus dem Nutzen statt aus den Produktionskosten, also in der subjektiven Wertschätzung von Gütern anstelle objektiver Werte der Güter. Sein Buch beginnt mit der hedonistischen Maxime: „Der Mensch wünscht sein Leben zu genießen und setzt seinen Lebenszweck darin, seinen Lebensgenuss auf die möglichste Höhe zu steigern." (Gossen 1854, S. 1) Genuss, sprich Nutzen, und Müheaufwand („Entbehrungen") müssen dabei gegeneinander abgewogen werden. Jedenfalls müsse „das Genießen so eingerichtet werden, dass die Summe des Genusses des ganzen Lebens ein Größtes werde" (Gossen 1854, S. 1).

Bei seinen Überlegungen, „wie das Genießen vor sich geht", stellt Gossen zunächst folgende Beobachtung heraus: „Die Größe eines und desselben Genusses nimmt, wenn wir mit Bereitung des Genusses ununterbrochen fortfahren, fortwährend ab, bis zuletzt Sättigung eintritt." (Gossen 1854, S. 4 f.) Diese Erkenntnis erhielt später die Bezeichnung **Erstes Gossen'sches Gesetz** (Gesetz der Bedürfnissättigung, Sättigungsgesetz, Gesetz des sinkenden Grenznutzens).

Das **Zweite Gossen'sche Gesetz** (Gesetz des Ausgleichs der Grenznutzen bzw. des Genussausgleichs) lautet in der Formulierung von Gossen:

> Der Mensch, dem die Wahl zwischen mehren [sic] Genüssen frei steht, dessen Zeit aber nicht ausreicht, alle vollaus sich zu bereiten, muss, wie verschieden auch die absolute Größe der einzelnen Genüsse sein mag, um die Summe seines Genusses zum Größten zu bringen, bevor er auch nur den größten sich vollaus bereitet, sie alle theilweise bereiten, und zwar in einem solchen Verhältniss, dass die Größe eines jeden Genusses in dem Augenblick, in welchem seine Bereitung abgebrochen wird, bei allen noch die gleiche bleibt.
> (Gossen 1854, S. 12)

Daraus folgt: Wenn des Menschen „Kräfte nicht ausreichen, alle möglichen Genussmittel sich vollaus zu verschaffen, muss der Mensch sich ein jedes so weit verschaffen, dass die letzten Atome bei einem jeden noch für ihn gleichen Werth behalten." (Gossen 1854, S. 33). Mit anderen Worten: Um ein Maximum an Nutzen zu erreichen, sollte die Befriedigung jedes Bedürfnisses so abgebrochen werden, dass bei allen Bedürfnissen ein gleicher Sättigungsgrad erreicht wird (in moderner Terminologie: dass der Grenznutzen je Geldeinheit bei allen Gütern gleich ist).

Erst als in den 1870er-Jahren in Österreich Carl Menger, in der Schweiz der ge-
bürtige Franzose Léon Walras und in England William Stanley Jevons offenbar unabhängig voneinander und in Unkenntnis des Werkes Gossens erneut die Grundlagen
einer Nutzwertlehre entwarfen und damit die Grenznutzenlehre erarbeiteten, wurde
Jevons eher zufällig auf das Buch Gossens aufmerksam. Aus dem „Triumvirat" Menger,
Walras und Jevons ging dann die **Wiener** und die **Lausanner Grenznutzenschule** sowie eine **Cambridger Richtung der Grenznutzenlehre** hervor.

8.2 Die Wiener Schule

Es entbehrt nicht einer gewissen Ironie, dass ausgerechnet die Wiener oder Österrei-
chische Grenznutzenschule, die sich mit Carl Menger (1840–1921) einer interessen-
freien „reinen" Ökonomie verschrieben hatte bzw. mit Friedrich v. Wieser den „Naturgesetzen der wirtschaftenden Gesellschaft" nachspürte, unter Ideologieverdacht geriet. Besonders aus marxistischem Blickwinkel wurde dem Marginalismus eine Stüt-
zungsfunktion kapitalistischer Verhältnisse vorgeworfen.

Die in der **Wertlehre** von Menger vorgebrachten Ansichten in Bezug auf Bedürfnissättigung und Optimierungskalkül unterscheiden sich von Gossens Ausführungen
lediglich durch etwas aufwändigere, um nicht zu sagen umständlichere Formulierungen.

Mit der Ableitung des Wertes der Produktivgüter aus dem durch den Grenznutzen
bestimmten Wert der unmittelbaren Verbrauchsgüter befasst sich die sogenannte **Zurechnungslehre**. Bei ihr besteht das Problem darin, den Wert des Konsumguts auf die
einzelnen in der Produktion immer zusammenwirkenden Produktivgüter gemäß ihres
jeweiligen Beitrags aufzuteilen.

Nach der von Menger vertretenen **Ausfall-** oder **Verlusttheorie** wird versucht,
den durch Ausfall eines Produktionselements entstehenden Minder-Output zu ermit-
teln. Eugen v. Böhm-Bawerk (1851–1914) bemühte demgegenüber die **Substitutions-
theorie**. Er unterschied ersetzbare und unersetzbare Produktivgüter und meinte, bei
den Ersteren werde der Wert durch den (Substitutions-)Nutzen bestimmt, den das er-
setzte Gut in seiner anderen (ursprünglichen) Verwendung hatte, zumindest könne er
nicht darüber liegen. Ist ein unersetzbares Gut beteiligt, dann würde sein Wegfall die
Produktion schlechthin verhindern, sodass diesem Gut eigentlich der Gesamtwert der
Produktion zukäme. Ungeklärt bleibt allemal die Quantifizierung des Substitutions-
nutzens. Da Produktionselemente in den verschiedensten Kombinationen anzutreffen
sind und bei der Zurechnung von einer Variation der optimalen (statt der minderen)
Ergiebigkeit auszugehen ist, stellten die Kombinationen – so die Auffassung Friedrich
v. Wiesers (1851–1926) – ein System simultaner Produktionsgleichungen mit derselben
Zahl von Unbekannten wie Gleichungen dar, woraus sich die Werte der einzelnen Produktionselemente errechnen ließen.

Wir haben z. B. [...] die folgenden Gleichungen:

$$x + y = 100$$
$$2x + 3z = 290$$
$$4y + 5z = 590$$

wo sich x mit 40, y mit 60, z mit 70 berechnet. [...] Der so bezifferte Ertragsanteil des einzelnen Pro-
ductivfactors ist es, den man gemeinhin kurzweg den „Ertrag" des betreffenden Factors nennt:
Ertrag der Arbeit, des Landes, des Capitales.
(v. Wieser 1889, S. 87; im Original z. T. hervorgehoben)

Auf der Grundlage von Wiesers „Theorie der Gleichungssysteme" wurde das Zurech-
nungsproblem in den 1920er-Jahren von Hans Mayer erneut aufgegriffen.

Mit Kruse ist festzuhalten, dass es sich bei der Zurechnungslehre keinesfalls um
ein in der Praxis bestehendes ökonomisches Problem handelt, außerdem gilt die
mit subjektiven Werten arbeitende Zurechnungslehre nur für eine isolierte Einzel-
wirtschaft: „In der Marktwirtschaft geht es um die Preiszurechnung, nicht um die
Wertzurechnung." (Kruse 1959, S. 187)

Was die **Preislehre** angeht, so kritisiert Menger zunächst die Vorstellung eines
Äquivalententauschs, der angeblichen Gleichheit des Wertes zweier Güterquantitäten, wobei „der subjektive Charakter des Werthes und die Natur des Tausches völlig
verkannt werden" (Menger 1871, S. 175). Letztlich gehe es beim ökonomischen Aus-
tausch von Gütern darum, „dass sich in der Verfügung eines wirthschaftenden Subjectes Güter befinden, welche für dasselbe einen geringern Werth haben, als andere
in der Verfügung eines andern wirthschaftenden Subjectes befindliche Güter, während bei diesem letztern das umgekehrte Verhältniss der Werthschätzung stattfinden
muss" (Menger 1871, S. 175). Ausgehend vom Modell eines isolierten Tausches („Zwei-
Mann-Markt": ein Anbieter, ein Nachfrager), gelangt Menger über die Annahme eines
einseitigen Monopols zur „Preisbildung und Gütervertheilung bei beiderseitiger Con-
currenz" und kommt dabei zum Ergebnis, dass die Grenzen, innerhalb derer sich die
Preise herausbilden, mit zunehmendem Wettbewerb immer enger werden.

Es war vor allem Böhm-Bawerk, der insbesondere mit seinem **Theorem der
Grenzpaare**, aufgezeigt am Beispiel eines Rossmarkts, auf der Menger'schen Grundlage weiterbaute. Er stellte heraus, dass bei beiderseitigem Wettbewerb der Käufer
und Verkäufer der Marktpreis begrenzt wird durch die Wertschätzungen der beiden
„Grenzpaare", und zwar nach oben durch die Wertschätzung des letzten noch zum
Tausch gelangenden Käufers und des ersten nicht mehr zum Zuge kommenden Verkäufers, nach unten durch die Wertschätzung des letzten noch zum Tausch gelangenden Verkäufers und des ersten vom Tausch ausgeschlossenen Käufers (Böhm-Bawerk
1889, S. 218). (Zu der von der Wiener Schule vertretenen Verteilungslehre siehe Kolb
2004, S. 129 f.)

8.3 Die Lausanner Schule

Begründer der Lausanner Schule ist der aus der Normandie stammende Léon Walras (1834–1910), der die konsequente Anwendung der Mathematik in der Wirtschaftstheorie betrieb und damit zum Architekten „eines schönen, aber unbenutzbaren (Lehr-) Gebäudes" (Recktenwald 1988, S. 19) wurde.

Abb. 10: Léon Walras (1834–1910)

Im Mittelpunkt des Walras'schen Werkes steht die **Lehre vom ökonomischen Gleichgewicht**, und zwar wird (im Gegensatz zu Bemühungen um ein partielles Gleichgewicht) in „Eléments d'économie politique pure ou théorie de la richesse sociale", erstmals 1874 und 1877 in zwei Teilen veröffentlicht, eine **Theorie des allgemeinen Gleichgewichts** vorgelegt. Gleichgewicht auf einem Markt liegt bekanntlich vor, wenn für keinen Käufer oder Verkäufer Veranlassung besteht, eine Änderung der Gütermengen vorzunehmen. In jedem Gleichgewichtszustand entsprechen die Preise den Grenznutzen. Ziel der Lausanner Schule war es nun, jenseits aller empirischen Bindungen eine formale Theorie für ein Gleichgewicht aller Teilmärkte, ein Gleichgewicht der gesamten Wirtschaft unter Konkurrenzbedingungen und bei allseitigen Interdependenzen zu erarbeiten.

Das Ergebnis war ein System simultaner Gleichungen, deren Anzahl mit der der Unbekannten übereinstimmt. Beginnend mit einem Zwei-Personen-/Zwei-Güter-Fall wird schrittweise über die Einbeziehung der Konsumgüterproduktion und der Märkte für Faktorleistungen das Modell einer Geld und Kredit verwendenden Vielpersonen-/Vielgüter-Tauschwirtschaft entwickelt. Seinem zugrunde gelegten Modell der vollständigen Konkurrenz werden vier Bedingungen zugeordnet:

1. Jeder Konsument lässt seinen Nutzen maximal werden, was dadurch geschieht, dass für jedes Gut der gewogene Grenznutzen gleich wird. [...] 2. Jeder Produzent strebt das Maximum seines Gewinnes an. 3. Es gibt nur einen einheitlichen Preis auf dem einheitlichen Markte für jedes wirtschaftliche Gut; dieser Preis lässt das gesamte Angebot der gesamten Nachfrage bei dieser Preishöhe gleich werden, und dieser Preis erlaubt den größtmöglichen Umsatz. 4. Alle Werte hängen nur ab von Gegebenheiten und Werten des gleichen Zeitpunktes (statische Bedingung). (Kruse 1959, S. 219 f.)

Gerade der statische Charakter der Walras'schen Lösung – in Wirklichkeit erfordern alle Anpassungen im Netzwerk Angebot-Nachfrage-Preise Zeit (Walras selbst spricht von „tâtonnement", dem unsicheren Herantasten via *trial and error*) – hat der Volkswirtschaftslehre auf lange Zeit „den Zugang zur Evolution versperrt, so originell auch die bahnbrechende Formalisierung sein mag" (Recktenwald 1988, S. 12).

Die von Walras selbst nicht bestrittenen Mängel seines Modells versuchte sein Nachfolger auf dem Lausanner Lehrstuhl, der gelernte Ingenieur Vilfredo Pareto (1848–1923), zumindest teilweise auszugleichen: Die bereits bei Francis Y. Edgeworth vorhandenen Indifferenzmodelle aufgreifend, gelangte er zu **Präferenzskalen**, zu „Ophelimitätsskalen", wie er sie auch nannte. Grundlegend dabei ist das Prinzip der Substitution, wonach eine bestimmte Menge eines Gutes durch eine solche eines anderen Gutes ohne Einbuße an Nutzen ersetzbar ist. Das heißt, Paretos Indifferenzkurven stellen unterschiedliche Güter-Mengen-Kombinationen dar, die für den Konsumenten nach eigenem Urteil den gleichen Nutzen haben, alternative Kombinationen also, gegenüber denen sich der Konsument indifferent verhält.

8.4 Die Cambridger Richtung der Grenznutzenlehre

Obwohl William Stanley Jevons (1835–1882), der Begründer des angelsächsischen Zweiges der Grenznutzenlehre, nie in Cambridge lehrte, spricht man deshalb von der „Cambridger Richtung", weil es der Cambridge-Schule angehörige Forscher waren (in erster Linie Alfred Marshall), welche die Lehren der Klassik mit der Marginalanalyse verbanden.

Als vermeintliche Neuentdeckung stellt Jevons, der zudem der Ansicht ist, Volkswirtschaftslehre müsse deswegen mathematisch sein, weil sie sich mit Güterquantitäten befasst, 1871 in „The Theory of Political Economy" heraus, „that value depends entirely upon utility" (Jevons 1871, S. 2). 1878 wurde er als Erster aus dem „marginalistischen Triumvirat" mit Gossens Werk bekannt, das er als Vorwegnahme seiner Theorie uneingeschränkt anerkennt. Jevons spricht statt vom Grenznutzen vom letzten Nutzengrad („final degree of utility"), meint damit aber das Gleiche, nämlich „the differential coefficient of u considered as a function of x" (Jevons 1871, S. 61).

Ohne hier im Einzelnen auf die übrigens recht gut lesbaren Kapitel seines Haupt-werks einzugehen, sollte wenigstens die im Mittelpunkt von Jevons' Arbeitstheorie stehende Auffassung angesprochen werden, wonach jeder Nutzen durch Opfer bzw. Leid erkauft werden muss.

Arbeit wird definiert als mühevolle Anstrengung von Körper oder Geist, „under-gone with the view to future good" (Jevons 1871, S. 164; im Original hervorgehoben). Es folgt eine **Grenzleidtheorie**, in der die quantitativ bedeutsamen Größen der leid-vollen Anstrengung und des erzielten Nutzens geometrisch dargestellt werden. Der Arbeitslust- bzw. -leidkurve wird eine Kurve des Nutzengrads der Leistung gegenüber-gestellt und daraus die Erkenntnis abgeleitet: „The larger the wages earned the less is the pleasure derived from the further increment" (Jevons 1871, S. 169), sodass der Nut-zen der empfangenen Lohneinheiten ständig sinkt. Es kommt zu dem Punkt, „where the pleasure gained is exactly equal to the labour endured" (Jevons 1871, S. 169). Da-nach wird die Tätigkeit eingestellt, da es zu einem Übermaß an Arbeitsleid käme.

8.5 Literatur

Böhm-Bawerk, E. v.: Kapital und Kapitalzins. Zweite Abt.: Positive Theorie des Kapitales. Innsbruck 1889.

Gossen, H. H.: Entwickelung der Gesetze des menschlichen Verkehrs, und der daraus fließenden Regeln für menschliches Handeln. Braunschweig 1854.

Jevons, W. S.: The Theory of Political Economy. London/New York 1871.

Kolb, G.: Geschichte der Volkswirtschaftslehre. Dogmenhistorische Positionen des ökonomischen Denkens. München 2004.

Kruse, A.: Geschichte der volkswirtschaftlichen Theorien. Berlin 1959.

Menger, C.: Grundsätze der Volkswirtschaftslehre. Wien 1871.

Recktenwald, H. C.: Walras' Rang in der ökonomischen Wissenschaft. Das Opus im technischen Zeit-alter. In: Jaffe, W./Blaug, M./Walker, D. A.: Léon Walras' Lebenswerk – Eine kritische Analyse. Düsseldorf 1988, S. 5–8.

Schneider, E.: Einführung in die Wirtschaftstheorie. IV. Teil: Ausgewählte Kapitel der Geschichte der Wirtschaftstheorie. Tübingen 1965.

Walras, L.: Éléments d'économie politique pure ou théorie de la richesse sociale. Lausanne/Paris/Bâle (Vol. I) 1874, (Vol. II) 1877.

Wieser, F. v.: Der natürliche Werth. Wien 1889.

9 Die Neoklassik

Definition und Abgrenzung der Neoklassik bereiten einige Schwierigkeiten. Jedenfalls konnte in der Volkswirtschaftslehre bisher kein Konsens hinsichtlich des Begriffs erzielt werden. So wird die Grenznutzenschule gelegentlich als **ältere Neoklassik** bezeichnet, was zur Folge hat, dass die teilweise in Auseinandersetzung mit der Grenznutzentheorie, teilweise aber auch in strikter Abgrenzung von ihr entstandene moderne neoklassische Wirtschaftstheorie als **jüngere Neoklassik** bzw. als **Neo-Neoklassik** bezeichnet werden müsste.

Für eine Anbindung an die „Theorie der Grenzbetrachtung" (Marginalismus) sprechen die gleichermaßen zur Anwendung gelangenden Prinzipien des methodologischen Individualismus (im Sinne eines Abstellens auf individuelle Entscheidungsakte, es handelt sich also um eine dezidiert mikroökonomische Fundierung) und der Gleichgewichtsorientierung. Dagegen kann die weitgehende Distanzierung von der Wertlehre zugunsten der Preislehre angeführt werden. Ganz allgemein gilt das Prinzip der Maximierung/Optimierung der Zielgrößen Nutzen bzw. Gewinn unter „Nebenbedingungen" (z. B. Einkommen, Produktionsfaktoren, Produktionsmenge).

9.1 Begründung durch Marshall und Cassel

Der Partialanalytiker Alfred Marshall (1842–1924), der die Legitimation der Ökonomik aus dem Kampf gegen die „Armut der Armen" ableitete und der – obwohl mathematisch versiert – langen mathematischen Argumentationsketten misstraute, wird zu Recht für seine Brückenfunktion zwischen der klassischen Produktionskostentheorie und der neoklassischen Nutzentheorie gewürdigt. Er gilt mit seinen 1890 vorgelegten „Principles of Economics" als „Architekt eines monumentalen Lehrgebäudes, der verschiedene Stilelemente virtuos zu kombinieren verstand. Es ist ein komfortabler Neubau, errichtet auf alten Fundamenten" (Rieter 1989, S. 137).

Marshalls **Partialanalysen** beziehen sich auf verschiedene „Industrien", die als Unternehmensgruppen mit gleichen oder zumindest ähnlichen Produkten verstanden werden. Grundlegend ist dabei für die Angebotsseite seine **Theorie der repräsentativen Firma**, verbunden mit der **Lehre von den internen und externen Ersparnissen**. Durch Marshall bzw. die Cambridge School of Economics wurde die Darstellung von Angebots- und Nachfragekurven populär, später erhielt denn auch der Gleichgewichtsschnittpunkt die Bezeichnung „Marshall'scher Punkt". In Anlehnung an Fleeming Jenkin wurde aus den Reaktionen, welche Preisänderungen auf der Nachfrageseite hervorrufen, die **Elastizität der Nachfrage** abgeleitet, definiert als Quotient der prozentualen Veränderung der nachgefragten Menge eines Gutes (Wirkung) und der prozentualen Änderung des Preises (Ursache).

DOI 10.1515/9783110530476-012

Abb. 11: Alfred Marshall (1842–1924)

Mit dem Begriff der **Quasirente** kam es zu einer Erweiterung der Rententheorie. Sie ist die nicht längerfristig anhaltende Differenz zwischen Erlösen und Kosten bei vorübergehend unelastischem Angebot eines Produktionsfaktors gegenüber einer später vergrößerten Nachfrage. Wichtig ist auch die Herausstellung der **Konsumentenrente** als Unterschied zwischen prinzipiell akzeptierten und tatsächlich realisierten Ausgaben.

Als zweiter maßgeblicher Begründer der neoklassischen Schule gilt der schwedische Nationalökonom Gustav Cassel (1866–1945). Er vertrat die Ansicht, die Wertlehre sei wegen der Dehnbarkeit des Begriffs „Wert" ohne jede Bedeutung. Zudem liefe es auf eine Fiktion hinaus, den ökonomischen Status der Güter mit der Intensität der jeweiligen subjektiven Bedürfnisse messen zu wollen. Nur im Geld könne der gemeinsame Nenner für Wertschätzungen gefunden werden, demnach sei in der „Theoretischen Sozialökonomie", so auch der Titel von Cassels erstmals 1918 erschienenem Lehrbuch, **ausschließlich auf die Preise abzuheben**, in denen sich letztlich die Werte widerspiegelten.

Zur Darstellung des **allgemeinen Gleichgewichts der Märkte** stützt sich Cassel auf das walrasianische Gleichungssystem. Er gibt den Preisbildungsprozess durch ein **System simultaner Gleichungen** wieder, deren Anzahl mit der Zahl der Preise übereinstimmt. Dem Prinzip der Knappheit stellt Cassel durch unterschiedliche Produktionsbedingungen der Unternehmungen mitbestimmte „supplementäre Prinzipien der Preisbildung" – Differenzialprinzip, Prinzip der Durchschnittskosten, Substitutionsprinzip, Prinzip der Preisbildung verbundener Produkte – zur Seite. Das Marktgleichgewicht wird für die stationäre wie die gleichmäßig fortschreitende Wirtschaft dargestellt. Zumindest angedacht sind auch „dynamische Probleme" bei der Preisbildung.

9.2 Spezifische Forschungsanliegen

Da ist zunächst die als **Theorie der Wahlakte** bezeichnete Wahlhandlungstheorie, nach der im Rahmen der Haushaltstheorie die Nachfrage der privaten Haushalte nach Konsumgütern aufgrund von Präferenzentscheidungen analysiert und mithilfe von Indifferenzkurven dargestellt wird. Als Grundlage dieser Theorie gilt **Edgeworths** Versuch, beim Tausch zwischen zwei Wirtschaftssubjekten, von denen jedes nur eine Gutsart besitzt, das Gleichgewicht zu bestimmen. Maßgebend wurde dann die von Vilfredo Pareto entwickelte **Ableitung der Bedarfsstruktur in einem ordinalen** (statt kardinalen) **Nutzenkonzept.** Fortgeführt wurde die Theorie der Wahlakte unter anderem durch den aus Russland stammenden Nationalökonomen Eugenio Slutsky und den englischen Nobellaureaten John R. Hicks. Es geht dabei um die höhere, geringere oder gleich große Wertschätzung, welche Individuen bestimmten Gütern oder Güterbündeln im Vergleich zu anderen zuerkennen. (Zum von Hicks herausgestellten Gesetz der abnehmenden Grenzrate der Substitution, zu Verhaltensänderungen des Haushalts bei Änderungen der Preise oder des Einkommens und zur von Ragnar Frisch, Erich Schneider, Kenneth E. Boulding und Heinrich v. Stackeiberg vorgenommenen Übertragung der Theorie der Wahlakte auf den Bereich der Produktion sowie zur Kritik gegenüber der Wahlhandlungstheorie siehe Stavenhagen 1969, S. 318 ff.) Letztlich mündet die Theorie der Wahlakte ein in die von **Paul A. Samuelson** initiierte **Revealed Preference Theory** (Theorie der bekundeten Präferenzen).

Was die **marktformenorientierte Preistheorie** angeht, hatte Eugen v. Böhm-Bawerk 1914 in seinem als programmatisch geltenden Aufsatz „Macht oder ökonomisches Gesetz?" auf das preistheoretische Defizit im Zwischenbereich von Konkurrenz und Monopol hingewiesen. 1926 war es dann Piero Sraffa, der in dem in Auseinandersetzung mit Marshalls neoklassischen Theorien entstandenen Beitrag „The Laws of Returns under Competitive Conditions" die „Unanwendbarkeit dieses Theorems für die Mehrzahl jener Fälle (aufgezeigt hat), die gewöhnlich als Wettbewerbsmärkte gekennzeichnet und behandelt werden" (Willeke 1961, S. 138 f.). Sraffa deutet den zwar begrenzten, aber immerhin vorhandenen Einfluss der meisten Produzenten auf den Absatzpreis als Folge von Nachfragerpräferenzen. Genauso wenig wie Sraffa war auch Joan Robinson nicht am Ausbau der neoklassischen Lehre gelegen. Dennoch hat die später als Repräsentantin des „Linkskeynesianismus" geltende Autorin der 1933 erstmals erschienenen „Economics of Imperfect Competition" die Neoklassik herausgefordert und letztlich auch gefördert. Die **Unvollkommenheit des Wettbewerbs** wird anhand von nicht mehr vollständig elastischen *individual demand curves* nachgewiesen. Ebenfalls 1933 legte der amerikanische Nationalökonom Edward H. Chamberlin, im Gegensatz zu Robinson aber unabhängig von Sraffas Vorgaben, seine „Theory of Monopolistic Competition" vor, in der er auf Produktdifferenzierung und auf beschränkten Marktzugang abhebt.

Die **Lehre vom unvollkommenen Markt** (Aufhebung des Prinzips der Unterschiedslosigkeit bzw. der Homogenität sachlicher, persönlicher, räumlicher oder zeitlicher Art) erfuhr in Verbindung mit der **Lehre von den Marktformen** 1934 in Heinrich v. Stackelbergs „Marktform und Gleichgewicht" ihre maßgebliche Systematisierung. In Fortführung der von Antoine Augustin Cournot gelegten Grundlagen zog dann insbesondere die **Oligopoltheorie** mit den beiden Lösungen der Preisführerschaft und der Theorie der geknickten Absatzkurve (Sweezy 1939: Demand under Conditions of Oligopoly; Hall/Hitch 1939: Price Theory and Business Behavior) das Interesse auf sich. Die *kinky demand curve* bringt zum Ausdruck, dass die Konkurrenten eines Oligopolisten dessen Preissenkungen nachvollziehen, während sie bei Preiserhöhungen entweder gar nicht oder nur zögerlich reagieren. Sehr früh wurde auch die **Dyopolfrage** angegangen (Stichworte: Cournot-, Bowley-, Stackelberg-Lösung). Weitere preistheoretische Forschungen sind unter anderem ausgerichtet auf die **Theorie der Preisdifferenzierung** und die **Theorie der staatlich gebundenen Preisbildung**. Als Weiterentwicklung der Lehre von der heterogenen Konkurrenz bzw. als Alternative zum Preiswettbewerb erfuhr die Markttheorie mit der bewussten Berücksichtigung der Qualität als Variable, insbesondere seit dem 1955 von Lawrence Abbott vorgelegten Werk „Quality and Competition", eine Ergänzung durch die **Lehre vom Qualitätswettbewerb**.

Im Zusammenhang mit dem Problem der Preisbildung in den verschiedenen Marktformen rückte auch die Frage nach der Determinierung des **Verhaltens der Marktteilnehmer** durch die jeweiligen morphologischen Vorgaben ins Blickfeld. Grundlegend dafür wurde der 1933 von dem norwegischen Nationalökonomen Ragnar Frisch verfasste Beitrag „Monopole – Polypole. La notion de force dans l'économie". Im Anschluss daran gelangte Erich Schneider zu der Ansicht, „dass für den Ablauf des Wirtschaftsprozesses in der Zeit allein die Verhaltensweise der handelnden Wirtschaftssubjekte relevant ist. Die morphologische Struktur der Anbieter und Nachfrager in einem Wirtschaftsgebiet spielt primär keine Rolle" (1949, S. 65). Schneider ergänzt: „Ein monopolistischer Anbieter im morphologischen Sinne kann sich monopolistisch, polypolistisch, oligopolistisch oder auch anders verhalten" (1949, S. 65). Neben anderen Nationalökonomen hat sich vor allem Robert Triffin mit Marktformen und Verhaltensweisen befasst und im Zuge seiner Klassifikationsversuche der behavioristischen Komponente den Vorzug gegenüber der morphologischen gegeben.

Als drittes spezifisches neoklassisches Forschungsanliegen kann die **Theorie des allgemeinen Gleichgewichts** angeführt werden, wobei es bei dem aus der Physik übernommenen Begriff des Gleichgewichts um einen ohne äußere Einwirkungen sich reproduzierenden Zustand des Ausgleichs von gegensätzlichen Kräften geht.

Eine Theorie des allgemeinen Gleichgewichts auf der Grundlage eines Systems simultaner Gleichungen hatte ja bereits der Grenznutzentheoretiker Léon Walras vorgelegt. In dem Beitrag „Existence of an Equilibrium for a Competitive Economy" lieferten Kenneth J. Arrow und Gérard Debreu 1954 den Existenzbeweis für ein solches Gleichgewicht. Trotz verschiedener Einwände, auch wegen der Stabilität des Gleichgewichts, findet die Theorie des allgemeinen Gleichgewichts unter anderem in der modernen Außenhandelstheorie Anwendung.

9.3 Der Neoklassik zuzurechnen: Welfare Economics

Nachdem Marshall die Idee einer wohlfahrtsfördernden egalitären Einkommensverteilung auf den Weg gebracht hatte, war es Arthur Cecil Pigou (1877–1959), der 1912 mit „Wealth and Welfare" (1920 in 2. Auflage unter dem Titel „The Economics of Welfare" erschienen) die **ältere Wohlfahrtsökonomik** begründete. Pigou unterschied drei „matroschkaische" Wohlstandsbegriffe: **General or Total Welfare, Economic Welfare** und **National Dividend or Income,** wobei die wirtschaftliche Wohlfahrt gesehen wird als „restricted to that part of social welfare that can be brought directly or indirectly into relationship with the measuring-rod of money" (zitiert nach Weber/ Jochimsen 1965, S. 351). Nach anfänglich kardinaler Ausrichtung vollzog Pigou den Übergang zum ordinalen Nutzenkonzept, also zum Mehr, Weniger oder Gleichviel an Wertschätzung. Er sieht eine Wohlstandssteigerung (1) in der Zunahme des Sozialprodukts, (2) in der Änderung der Einkommensverteilung und (3) in der „Rationalisierung" der Einkommensverwendung.

Als Folge der von Lionel Robbins 1932 vorgebrachten Kritik – insbesondere die Möglichkeit eines interpersonalen Nutzenvergleichs betreffend – kam es Ende der 1930er-Jahre mit der Übernahme des Pareto-Kriteriums und der Zurückweisung von Wohlfahrtsaussagen auf der Basis von Einkommensumverteilungen zur Herausbildung der **New Welfare Economics**. Nach dem **Pareto-Kriterium** gilt die Verteilung der knappen Güter auf alternative Verwendungszwecke dann als pareto-optimal, wenn es nicht mehr möglich ist, die Wohlfahrt bzw. den Nutzen eines Wirtschaftssubjekts zu verbessern, ohne die Lage eines anderen zu verschlechtern. (Zur Erweiterung des Pareto-Kriteriums durch Einbringung sogenannter Kompensationskriterien siehe Kolb 2004, S. 144.)

9.4 Im Theoriestrang der Neoklassik: Neue Institutionenökonomik

Als Beginn der modernen Institutionenökonomik kann der 1937 von Ronald Coase publizierte Artikel „The Nature of the Firm" benannt werden, in dem die Bedeutung der Transaktionskosten herausgestellt wurde. Es bedurfte allerdings einer „Inkubationszeit" von gut einem Vierteljahrhundert, bis der Keim des **Transaktionskostenansatzes** aufging. Unter Transaktionskosten versteht man die mit dem Güteraustausch einhergehenden Koordinationskosten, z. B. Kosten der Information, des Vertragsabschlusses, der Durchsetzung von Vertragsansprüchen usw. In einem weiteren Verständnis sprach Arrow 1969 von „costs of running the economic system" (S. 48). Letztlich wird der Zweck von Institutionen in der Einsparung von Transaktionskosten gesehen.

Eine weitere zentrale Bedeutung in der Neuen Institutionenökonomik kommt dem **Property-Rights-Ansatz** zu. In dieser Theorie der Verfügungsrechte geht es um das Verhalten der Wirtschaftssubjekte in Abhängigkeit von der in einer Wirtschaftsordnung realisierten Eigentumsordnung bzw. von der Ausgestaltung der Verfügungsrechte innerhalb der Eigentumsordnung.

9.5 Literatur

Abbott, L.: Quality and Competition. An Essay in Economic Theory. New York 1955.

Arrow, K. J.: The Organization of Economic Activity. In: The Analysis and Evaluation of Public Expenditure. The PPB System. Joint Economic Committee. Vol. 1. Washington 1969, S. 47–64.

Arrow, K. J./Debreu, G.: Existence of an Equilibrium for a Competitive Economy. In: Econometrica. Vol. 22 (1954), S. 265–290.

Böhm-Bawerk, E. v.: Macht oder ökonomisches Gesetz? In: Zeitschrift für Volkswirtschaft, Sozialpolitik und Verwaltung. Band 23 (1914), S. 205–271.

Cassel, G.: Theoretische Sozialökonomie. Leipzig 1918.

Chamberlin, E.: The Theory of Monopolistic Competition. Cambridge, MA 1933.

Coase, R. H.: The Nature of the Firm. In: Economica. N. S., Vol. 4 (1937), S. 386–405.

Frisch, R.: Monopole – Polypole. La notion de force dans l'économie. In: Nationaløkonomisk Tidsskrift. Band 71 (1933), Beilage, S. 241–259.

Kolb, G.: Geschichte der Volkswirtschaftslehre. Dogmenhistorische Positionen des ökonomischen Denkens. München 2004.

Marshall, A.: Principles of Economics. Vol. I. London 1890.

Pigou, A. C.: Wealth and Welfare. London 1912.

Rieter, H.: Alfred Marshall (1842–1924). In: Starbatty, J. (Hrsg.): Klassiker des ökonomischen Denkens. Band II. München 1989. S. 135–157.

Robinson, J.: The Economics of Imperfect Competition. London 1933.

Schneider, E.: Einführung in die Wirtschaftstheorie. II. Teil. Tübingen 1949.

Sraffa, P.: The Laws of Returns under Competitive Conditions. In: The Economic Journal. Vol. 36 (1926), S. 535–550.

Stackelberg, H. v.: Marktform und Gleichgewicht. Wien/Berlin 1934.

Stavenhagen, G.: Geschichte der Wirtschaftstheorie. Göttingen 1969.

Weber, W./Jochimsen, R.: Art. Wohlstandsökonomik. In: HdSW, Band 12 (1965), S. 346–359.

Willeke, R. J.: Art. Marktformen. In: HdSW, Band 7 (1961), S. 136–147.

10 Der Keynesianismus

Die Frage wird immer wieder gestellt: Handelt es sich bei der „Neuen Wirtschafts-lehre", die **John Maynard Keynes** (1883–1946) in seinem 1936 erschienen Buch „The General Theory of Employment, Interest and Money" vorlegte, tatsächlich um eine Revolution des ökonomischen Denkens? War sie mit dem Paradigmenwechsel, den die Physiokraten gegenüber den Merkantilisten einläuteten oder den Marx gegen-über der liberalökonomischen Lehre vornahm, zu vergleichen?

In der „General Theory" geht es – kurz gesagt – um den **Stand der Beschäfti-gung in einer Volkswirtschaft** und um die **Höhe des Volkseinkommens**. Damit ist ein Thema angesprochen, das – jedenfalls der Intention nach – bis zum Merkanti-lismus zurückverfolgt werden kann, was durch das Say'sche Theorem jedoch lange Zeit verdeckt wurde. Die Fragestellung war also weniger neu, neu waren allenfalls die Antworten, die Keynes aus der Beobachtung ableitete, dass Wettbewerb nicht notwen-digerweise zur Vollbeschäftigung führt.

Mittlerweile hat sich das keynesianische Ideengut zu einer Art staatsinterventio-nistischem Dogma verdichtet: Globalsteuerung versus Marktsteuerung, Nachfrageori-entierung versus Angebotsorientierung, Fiskalismus versus Monetarismus. Anderer-seits ist eine sich geradezu in Schüben vollziehende Weiterentwicklung der keynesia-nischen Makrotheorie zu beobachten.

Die keynesianische Lehre wird hier kurz skizziert. Dabei werden der Gütersektor, der monetäre Sektor und das Gleichgewicht in beiden Sektoren dargestellt. Anschlie-ßend geht es um die Weiterentwicklung des keynesianischen Lehrgebäudes.

John Maynard Keynes (1883–1946)

Keynes, am 5. Juni 1883 als Sohn des Sozialökonomen und Erkenntnistheoretikers John Neville Keynes in Cambridge geboren, war zweifelsohne in einer Reihe von Disziplinen zu Hause (auch auf dem Sektor der Kunst und der Literatur). Am King's College seiner Heimatstadt studierte er Mathematik, wobei ihm gelegentlich eine besondere Begabung für rationale Deduktion nachgesagt wurde. Die später aus dieser Fachrichtung hervorgegangene Schrift „A Treatise on Probability", eigentlich angesiedelt im Übergangsbereich von Mathematik zur Philosophie, stellt auf die sozialwissenschaftsimmanen-ten Grenzen allen quantitätstheoretischen Denkens ab, welche daraus resultieren, dass man es mit den in Zeit und Raum veränderlichen Reaktionen der Menschen zu tun hat, „mit unberechenbaren Einzelfällen, die lediglich im statistischen Kollektiv und Durchschnitt eine ‚wahrscheinliche' Richtung und Wiederholbarkeit zeigen" (Hankel, 1996, S. 25); in diesem Zusammenhang betont **John Maynard Keynes** die Relevanz seiner mikroökonomisch abgeleiteten makroökonomischen Analysen. Dem Stu-dium der Mathematik schloss sich das der Politischen Ökonomie, insbesondere bei Marshall und Pigou, an.

1906 unterzog sich Keynes der Aufnahmeprüfung für den höheren Staatsdienst, die er als Zweit-bester bestand, bei allerdings nicht gerade überzeugenden Leistungen im wirtschaftswissenschaft-lichen Bereich. Nach zweijähriger Tätigkeit im India Office wurde Keynes 1909 als Fellow dem King's College in Cambridge zugewählt. Für viele Jahre war sein Lebensstil geprägt von einer Mischung aus hohem beruflichen Engagement und nonkonformistischer Boheme (Bloomsbury-Kreis). 1915 begann – nachdem sich Keynes mit „Indian Currency and Finance" bzw. der darin behandelten Golddevisenwäh-

DOI 10.1515/9783110530476-013

Abb. 12: John Maynard Keynes (1883–1946)

rung einen Namen gemacht hatte – eine Tätigkeit als Sachverständiger für Währungsfragen im briti-schen Schatzamt, wobei ihm im Verlauf des Ersten Weltkriegs immer mehr die Kontrolle der auswärti-gen Finanzen Großbritanniens zuwuchs. 1919 war er Delegationsleiter des Treasury bei der Versailler Friedenskonferenz. Da sich seine ökonomischen Vorbehalte in Bezug auf zumutbare deutsche Repa-rationszahlungen gegenüber den überzogenen Forderungen der Alliierten nicht durchsetzen ließen, erklärte Keynes seinen Rücktritt und legte seine Gedanken – begleitet vom Vorwurf eines fehlenden Patriotismus – wenige Monate später in „The Economic Consequences of Peace" der Öffentlichkeit vor. Über diverse privatwirtschaftliche Tätigkeiten, betrieben neben seiner inzwischen wieder aufge-nommenen Lehrtätigkeit in Cambridge, dabei wissenschaftlich zunächst auf die Inflationsgefahren fixiert, gelangte er im Zuge wachsender Deflationserscheinungen zu einem „scharfen Angriff gegen den Goldstandard, wobei er darauf hinwies, daß die Konzentration des Goldes in den Vereinigten Staa-ten auf jeden Fall dessen früheres Funktionieren ausschlösse; er verfocht den Standpunkt, England solle nicht wieder die goldenen Fesseln anlegen, sondern eine Währung mit stabiler Realkaufkraft er-streben" (Harrod 1956, S. 609; im Original z. T. hervorgehoben). Hinzu kommen bei Keynes Zweifel, ob es gelingen könne, die wirtschaftliche Depression bzw. Arbeitslosigkeit allein mit monetären Mitteln zu bekämpfen. Immer mehr wurde er zum „Anwalt öffentlicher Arbeitsbeschaffung", zum Befürworter staatlicher Eingriffe in die inländische Investitionstätigkeit (so 1926 dargelegt in „The End of Laissez-Faire"); dennoch gilt auch sein 1930 erschienenes Werk „A Treatise on Money" – trotz revisionistischer Tendenzen – immer noch als weithin auf dem Boden der herkömmlichen Theorie stehend, die „Neue Wirtschaftslehre" jedenfalls datiert definitiv, forciert durch die Erfahrungen der von 1929 bis 1933 währenden Weltwirtschaftskrise, auf das Erscheinungsjahr der „General Theory" (1936).

Während des Zweiten Weltkriegs war Keynes, seit 1937 durch einen Herzinfarkt mehr oder weni-ger körperlich beeinträchtigt, als ehrenamtlicher Berater wieder für das Schatzamt tätig; dort befasste er sich mit der Frage „How to Pay for the War". Der daraus 1940 hervorgegangenen gleichnamigen Schrift wird auch eine gewisse theoretische Bedeutung beigemessen, weil hier die Keynes'sche Theo-rie auf das Szenario einer Inflation projiziert wird. Im Verlauf der Kriegsjahre rückte zunehmend das Problem der internationalen Wirtschaftsgestaltung in der Nachkriegszeit in den Vordergrund. Bereits 1941 begann Keynes mit der Ausarbeitung von Vorschlägen, die internationale monetäre Neuordnung betreffend. Diese bildeten dann den Inhalt der vom britischen Schatzamt herausgegebenen Denkschrift „Proposals for a Clearing Union". Diese Überlegungen zielten darauf ab, „Währungsstabilität ohne die starren Bindungen des Goldstandards zu gewährleisten und die Grundlagen für Ausdehnungen des Welthandels und internationale Zusammenarbeit zur Verhinderung einer Wiederkehr von Depression und Arbeitslosigkeit zu schaffen". Es ging Keynes darum, „zunächst den Rahmen für eine weltweite expansionistische Monetärpolitik zu schaffen, um erst dann und mit äußerster Vorsicht die völlige Liberalisierung der Handelspolitik in Angriff zu nehmen" (Harrod 1956, S. 610). Der Plan einer Clearing Union fand in den USA keine direkte Zustimmung; bei der Konferenz von Bretton Woods – Keynes war dort 1944 als britischer Chefunterhändler tätig – sind lediglich einige seiner Gedanken in das Abkommen eingeflossen. 1945 fungierte Keynes als Delegationsleiter bei den amerikanisch-britischen Anleiheverhandlungen zur Konsolidierung der englischen Kriegsschulden und 1946 als britischer Chefunterhändler bei der für ihn sehr enttäuschend verlaufenden Konferenz von Savannah, auf der über die Errichtung des Internationalen Währungsfonds und die Weltbank befunden wurde. Kurz nach seiner Rückkehr in die Heimat verstarb Keynes am 21. April 1946 an den Folgen eines zweiten Herzinfarkts.

10.1 Der Gütersektor

Keynes fokussierte seine Theorie auf die effektive, d. h. mit Kaufkraft versehene, **gesamtwirtschaftliche Nachfrage auf dem Gütermarkt.**

Die **Nachfrage nach Konsumgütern** sieht Keynes im Wesentlichen in Abhängigkeit vom Realeinkommen. Die gesamtwirtschaftliche Konsumnachfrage wird demnach als **eine Funktion des Volkseinkommens** betrachtet, wobei allerdings andere beeinflussende (subjektive und objektive) Faktoren nicht in Abrede gestellt werden. Diese Verhaltenshypothese steht im Gegensatz zur klassischen Auffassung, welche – über die komplementäre Größe des Sparens – eine Zinsabhängigkeit der Konsumnachfrage annimmt. Zwar wird auch von Keynes eine mögliche Zinsabhängigkeit des Sparens nicht ausgeschlossen, doch tritt sie im Vergleich zur dominanten und zugleich kurzfristig wirksamen Variablen des Einkommens zurück.

Als **Fundamental Psychological Law** bezeichnet Keynes die Beobachtung, dass sich mit zunehmendem Einkommen eine degressive Zunahme der wirksamen Nachfrage ergibt. In diesem Zusammenhang wird zwischen der durchschnittlichen und der marginalen Verbrauchsquote unterschieden. Erstere stellt das Verhältnis der Verbrauchsausgaben zum Einkommen dar (C/Y), letztere, auch **marginale Konsumneigung** oder **Grenzhang zum Konsum** genannt, das Verhältnis des Verbrauchsausgabenzuwachses zum Einkommenszuwachs ($\Delta C/\Delta Y$). Nach der Definitionsgleichung für die Aufteilung des Volkseinkommens (Y = C + S) leitet sich aus dem „grundlegenden psychologischen Gesetz" – als Pendant zur fallenden Konsumquote – eine entsprechend wachsende Sparquote ab.

Was die **Nachfrage nach Investitionsgütern** angeht, so besteht zwischen klassischer/neoklassischer und keynesianischer Auffassung zunächst Übereinstimmung darin, dass eine Investition nur dann vorgenommen wird, wenn die daraus resultierende Rendite über dem (längerfristigen) Marktzins liegt. Nach traditioneller Lehre werden Investitionen so lange getätigt, bis der Grenzertrag des Realkapitals dem Zinssatz gleichkommt. Dabei wird auf eine (gegenwärtige) technische bzw. physische Grenzproduktivität des Kapitals abgestellt. Demgegenüber bezieht Keynes bei seiner **Grenzleistungsfähigkeit des Kapitals** die auf die Zukunft ausgerichteten Erwartungen der Investoren ein. Auf diese Weise wurde bei Keynes aus der physischen Größe der Grenzproduktivität eine psychologische der Grenzleistungsfähigkeit des Kapitals, wobei die Wirksamkeit des Gesetzes vom abnehmenden Grenzertrag unterstellt wird. Im Zuge von Erwartungsänderungen, z. B. bei pessimistischerer Einschätzung der konjunkturellen Entwicklung, können trotz gleichbleibenden Marktzinses die Investitionen zurückgehen, andererseits kann bei steigenden Zinsen die Investitionsnachfrage stabil bleiben, sofern sich optimistische Zukunftserwartungen einstellen (siehe Abb. 13).

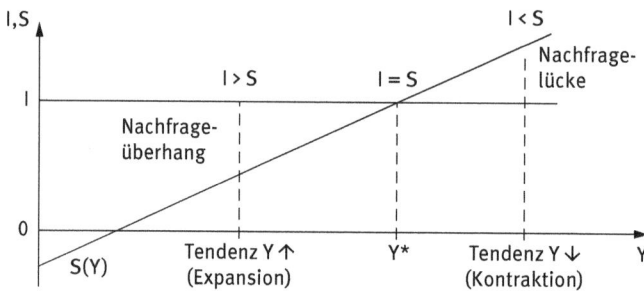

Abb. 13: Anpassungsprozesse in Richtung I = S

Während ex post immer eine Gleichheit von Investition und Sparen (I = S) gegeben ist, weil in der Volkswirtschaftlichen Gesamtrechnung eine unfreiwillige Lagerhaltung zu den Investitionen gerechnet wird, liegt ex ante nur bei einer bestimmten Höhe des Volkseinkommens (Gleichgewichtseinkommen) eine Übereinstimmung von geplanter Investition und geplanter Ersparnis (zugleich Gleichgewicht auf dem Gütersektor) vor. Es ist aber fraglich, ob es sich dabei um das Vollbeschäftigungseinkommen handelt. Eine **Nachfragelücke** (I < S) führt dazu, dass die Unternehmer ihr Güterangebot in der nächsten Periode der niedrigeren Güternachfrage anpassen werden – mit entsprechend kontraktiven Folgen in Bezug auf Beschäftigung und Volkseinkommen – und vice versa im Falle eines **Nachfrageüberhangs** (I > S).

Schon lange vor Keynes wurde erkannt, dass es eine **Multiplikatorwirkung** der Investitionen gibt, das heißt, dass sich der Wert einer Investition nicht nur einmal, nämlich im Zeitpunkt der Realisierung einer Nettoinvestition, als Zuwachs beim Volkseinkommen niederschlägt, sondern dass via Konsumausgaben ein Vielfaches an Einkommenszuwachs zu erwarten ist (siehe dazu im Einzelnen Kolb 2004, S. 152 ff.).

Zur Frage des **Gleichgewichts auf** dem **Gütersektor** wird unterstellt, dass Investitionen eine Funktion des Zinses sind [I = I(i)], was aber nicht heißt, dass Investitionen ausschließlich vom Zins abhängen. Ein güterwirtschaftliches Gleichgewicht liegt vor, wenn **S(Y) = I(i)**. S und I sind jeweils geplante Größen.

Für die Darstellung des güterwirtschaftlichen und des monetären Gleichgewichts zieht man heute die auf Hicks und Hansen zurückgehende grafische Wiedergabe des **IS-LM-Systems** heran, die von Hicks 1937 in dem Zeitschriftbeitrag „Mr. Keynes and the ‚Classics'; A Suggested Interpretation" angeregt wurde. Es geht um den Zusammenhang von Zinsniveau und Gleichgewichtseinkommen. Die **IS-Funktion** (Investment-/Savings-Funktion) kennzeichnet die Menge aller Kombinationen von Zinssatz (i) und Realeinkommen (Y), bei denen Gleichgewicht zwischen Investition und Ersparnis, also Gleichgewicht auf dem Gütermarkt besteht. Die Ableitung der IS-Kurve ergibt sich grafisch (siehe Abb. 14) mittels Übertragung von Punkten aus einem Quadranten in die jeweils benachbarten Quadranten (siehe im Einzelnen Stobbe 1987, S. 28 f.; Gruber/Kleber 1992, S. 197 ff.).

10.2 Der monetäre Sektor

Der monetäre Sektor setzt sich aus dem Geldmarkt und seinem Komplement, dem Wertpapiermarkt, zusammen. **Geldnachfrage** wird als jener Teil der den Nichtbanken potenziell für Güterkäufe zur Verfügung stehenden Mittel verstanden, die diese Wirtschaftssubjekte zinslos in Form von Bargeld oder Sichtguthaben zu halten wünschen. Als **Geldangebot** gilt das autonom vom Zentralbanksystem bereitgestellte Geldvolumen.

Die **LM-Funktion** (Liquidity/Money Supply Function) kennzeichnet im IS-LM-System die Menge aller Kombinationen von i und Y, bei denen unter der Annahme einer exogen gegebenen realen Geldmenge ein Gleichgewicht zwischen Geldnachfrage (Liquidität) und Geldangebot, also **Gleichgewicht auf dem Geldmarkt** (und zugleich auf dem Wertpapiermarkt) herrscht (siehe Abb. 14).

Im Rahmen der Keynes'schen **Liquiditätspräferenztheorie** spielt die Wertaufbewahrungsfunktion eine wesentliche Rolle. Danach werden neben dem hauptsächlich von der Höhe des Sozialprodukts, aber auch vom Zinssatz abhängigen **Transaktionsmotiv** für die Geldnachfrage genannt

- das **Vorsichtsmotiv**: Kassenhaltung für unvorhergesehene Ausgaben, positiv korrelierend mit dem Realeinkommen, negativ mit der Höhe des Zinssatzes, und
- das **Spekulationsmotiv**: Bei niedrigem Zinsniveau und hohen Kursen für festverzinsliche Wertpapiere werden hohe Kassenbestände gehalten, weil bei Wertpapierhaltung eher Kursverluste erwartet werden. In einer Hochzinsphase werden dagegen Kurssteigerungen angenommen und geringe Kassenbestände gehalten (Wertaufbewahrungsfunktion).

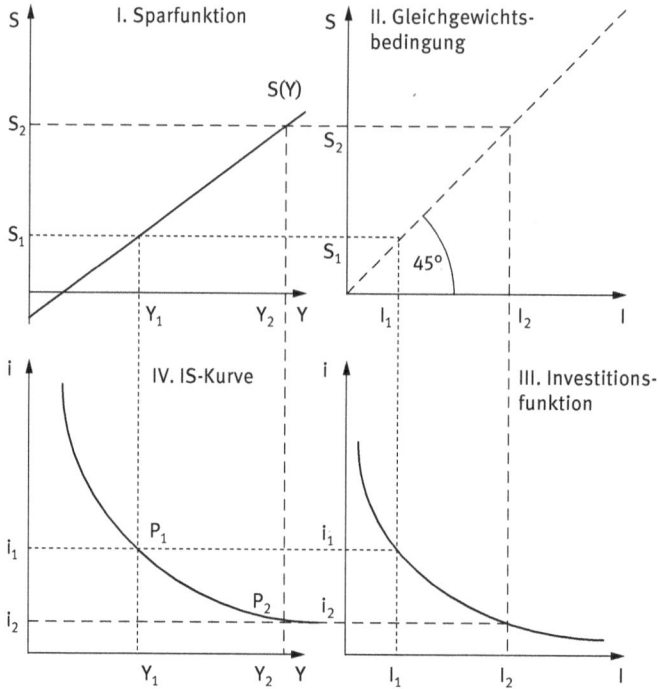

Abb. 14: Grafische Ableitung der IS-Kurve (nach Gruber/Kleber 1992, S. 198)

Da eine Übernachfrage auf dem Geldmarkt immer mit einem Überangebot auf dem Wertpapiermarkt einhergeht, werden die Wertpapierkurse sinken und der Marktzins steigen. Mit steigendem Zins geht aber die Geldnachfrage zurück und die Wertpapiernachfrage nimmt wieder zu. Es ist also letztlich der Zinsmechanismus des Wertpapiermarkts, der das Gleichgewicht des monetären Sektors bewerkstelligt. „Aus dem Zins ist nun […] eine monetäre Größe geworden: denn er bringt nicht länger die reale Ersparnis und Investition zur Übereinstimmung [wie in der klassisch-neoklassischen Theorie], sondern verteilt die Vermögenshaltung auf Geld und Wertpapiere" (Felderer/Homburg 1999, S. 128).

10.3 Gleichgewicht im Güter- und im monetären Sektor

Verbindet man die aus diesen Überlegungen resultierende LM-Kurve mit der IS-Funktion, so ergibt sich das IS-LM-Modell, das das Zins-Einkommens-Gleichgewicht im Güter- und im monetären Sektor angibt (siehe Abb. 15).

Der Haupteinwand gegen die als IS-LM-Modell auftretende keynesianische Theorie betrifft die Beschränkung auf die Nachfrageseite bzw. die vollkommene Ausblendung der Angebotsseite. Die Güternachfrage wird bei gegebener realer Geldmenge

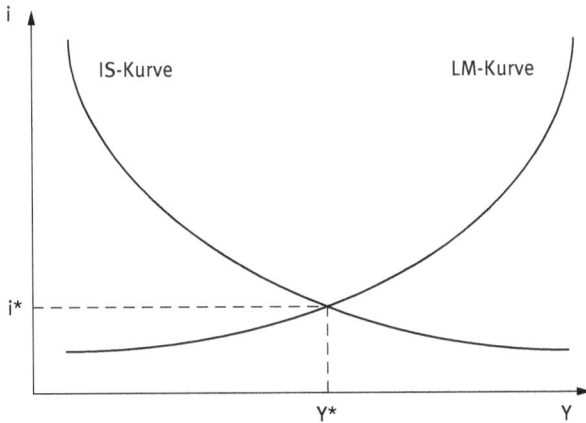

Abb. 15: Das IS-LM-Modell: Gleichgewicht im Güter- und im monetären Sektor (nach Gruber/Kleber 1992, S. 205)

durch die Konsum-, die Investitions- und die Liquiditätsfunktion bestimmt, das Güterangebot (die Beschäftigung) passt sich der Nachfrage an. Bei dem im Hicks'schen Diagramm ablesbaren Gleichgewichtseinkommen kann es sich auch um ein Unter- oder Überbeschäftigungsgleichgewicht handeln.

> Da unter den im IS-LM-Modell gesetzten Prämissen kein Mechanismus wirksam ist, der das System auf das Gleichgewicht bei Vollbeschäftigung einreguliert, sind in keynesianischer Sicht Staat und Zentralbank aufgerufen, durch eine expansive oder kontraktive Geld- und Finanzpolitik den beiden Ungleichgewichtskonstellationen – keynessche Arbeitslosigkeit oder zurückgestaute Inflation – entgegenzuwirken.
> (Schmitt-Rink 1995, S. 71)

10.4 Weiterentwicklung des keynesianischen Lehrgebäudes

Die Kritik an der Nichtberücksichtigung des Arbeitsmarkts im IS-LM-Modell führte insbesondere in den 1960er-Jahren zu verschiedenen Versionen der bereits zwei Jahrzehnte vorher von Modigliani und Patinkin auf den Weg gebrachten **neoklassischen Synthese**. Während das Niveau der Güternachfrage (Güternachfragefunktion) unter der Annahme flexibler Preise aus dem IS-LM-Diagramm abgeleitet wird, determiniert hier der Schnittpunkt von Arbeitsangebots- und Arbeitsnachfragekurve (über die neoklassische Produktionsfunktion) das Niveau des Güterangebots. Im gesamtwirtschaftlichen Gleichgewicht stimmt dann die durch den Schnittpunkt der IS- mit der LM-Kurve determinierte Güternachfrage mit dem durch den Schnittpunkt der Arbeitsangebots- und Arbeitsnachfragekurve bestimmten Güterangebot überein.

In der **Kritik an der neoklassischen Synthese** wird unter anderem die nur oberflächliche Zusammenfügung keynesianischer mit neoklassischen Modellelementen bemängelt, es fehle bei nicht angemessener Erfassung der Interdependenz der Märkte die mikroökonomische Fundierung. Außerdem sei der Aggregationsgrad so hoch, dass die auf individuelles Handeln ausgerichteten mikroökonomischen Theorien mit den makroökonomischen Annahmen nicht kompatibel erscheinen.

Die Vorbehalte gegenüber den „marktorthodoxen" Zugeständnissen haben dazu geführt, dass einige Ökonomen, die teilweise sogar persönlichen Kontakt zu Keynes hatten, sehr früh auf Distanz zur neoklassischen Synthese gegangen sind. Dabei handelt es sich um Vertreter des **Postkeynesianismus**, die durchaus verschiedene Strömungen, je nach Hervorhebung der realen oder der monetären Theorieelemente, repräsentieren. Zur Gruppe der eher fundamentalistisch auftretenden und realanalytisch ausgerichteten Postkeynesianer, welche für die Höhe der Beschäftigung dezidiert auf die Einkommenseffekte setzen und die Beziehungen zwischen Einkommensverteilung und Wachstum betonen, zählen vor allem Joan Robinson, Michal Kalecki, Nicholas Kaldor, Jan A. Kregel und – mit Einschränkungen – John K. Galbraith. „Uncertainty in Economics" – so der 1955 erschienene Titel von George L. S. Shackle – kann als Erkennungszeichen der zweiten Richtung des Postkeynesianismus angesehen werden. Sie beleuchtete vor allem die monetären Aspekte bzw. die damit einhergehenden Instabilitäten. Dieser Ausrichtung sind unter anderem auch Paul Davidson und Hyman P. Minsky zuzurechnen.

Vom postkeynesianischen Theoriestrang streng zu trennen sind **keynesianische Neuinterpretationen**, welche explizit um das angemahnte mikroökonomische Fundament der neoklassischen Synthese bemüht sind. Hier waren es zunächst Robert Clower und Axel Leijonhufvud, die bereits in den 1960er-Jahren den Anstoß dazu gegeben haben, aus der umstrittenen (nur den Arbeitsmarkt ausnehmenden) Gleichgewichtsvorstellung eine Ungleichgewichtstheorie, eigentlich eine Gleichgewichtstheorie bei Mengenrationierung, abzuleiten. Speziell die in den 1970er- und den frühen 1980er-Jahren von Barro und Grossman, dann von Bénassy, Drèze und Malinvaud vorgelegten Arbeiten sind als Bemühen zu werten, den keynesianischen Makromodellen eine mikroökonomische Fundierung unterzulegen. Dazu gehörte eine entscheidungslogische Absicherung bei zu maximierenden Nutzen- und Gewinnfunktionen, aber eben ergänzt um Beschränkungen aufgrund rationierter Mengen (zur neuen keynesianischen Makroökonomie siehe im Einzelnen Schmitt-Rink 1995).

10.5 Literatur

Felderer, B./Homburg, S.: Makroökonomik und neue Makroökonomik. Berlin et al. 1999.

Gruber, U./Kleber, M.: Grundlagen der Volkswirtschaftslehre. München 1992.

Hicks, J. R.: Mr. Keynes and the „Classics". A Suggested Interpretation. In: Econometrica, Vol. 5 (1937), S. 147–159.

Keynes, J. M.: The General Theory of Employment, Interest and Money. London 1936. (Allgemeine Theorie der Beschäftigung, des Zinses und des Geldes. Berlin 2000).

Kolb, G.: Geschichte der Volkswirtschaftslehre. Dogmenhistorische Positionen des ökonomischen Denkens. München 2004.

Schmitt-Rink, G.: Neue keynesianische Makroökonomie. In: WISU, 24. Jg. (1995), S. 70–75.

Shackle, G. L. S.: Uncertainty in Economics. Cambridge 1955.

Stobbe, A.: Volkswirtschaftslehre III. Makroökonomik. Berlin et al. 1987.

11 Der Monetarismus

Milton Friedman (geb. 1912) eröffnete 1976, als er noch an der University of Chicago lehrte, einen Vortrag während einer Tagung der dem politischen und ökonomischen Liberalismus verpflichteten Mont-Pélerin-Society mit den Worten: „Chicago is the modern spiritual home of Adam Smith." Anlass war das 200-jährige Jubiläum des Buches „Wealth of Nations", das in der schottischen Universitätsstadt St. Andrews in der Nähe von Kirkcaldy, dem Geburtsort von Adam Smith, gefeiert wurde. Tatsächlich gehört Milton Friedman mit seiner gegen den Keynesianismus gerichteten **monetaristischen Gegenrevolution** zu den konsequentesten Verfechtern der freien Marktwirtschaft. Dabei artikuliert sich der 1912 in New York geborene „Reanimator" der Quantitätstheorie äußerst radikal, kompromisslos, ja geradezu missionarisch.

Bereits 1956 erschienen Friedmans „Studies in the Quantity Theory of Money", in denen er die einst diskreditierte Quantitätstheorie rehabilitierte. In der ein Jahr später publizierten Schrift „A Theory of the Consumption Function" stellte er erstmals (im Gegensatz zum „current income" der Keynesianer) auf das „life-time income" ab. In dem eher populärwissenschaftlichen, 1962 veröffentlichten Buch „Capitalism and Freedom" propagierte er die Idee einer negativen Einkommensteuer und machte sich – alles Beispiele für marktorientierte Problemlösungen – für flexible Wechselkurse, für eine Freiwilligenarmee und für „educational vouchers" stark.

Obwohl Friedman, der 1976 für seine Beiträge zur Konsumanalyse, zur Geschichte und Theorie des Geldes sowie für die Darstellung der Komplexität der Stabilitätspolitik den Nobelpreis für Wirtschaftswissenschaften erhielt, als der Kopf der Monetaristen – er selbst bevorzugt die Bezeichnung „Chicago-Schule" – anzusehen ist, wäre es falsch, von einer einheitlichen monetaristischen Position auszugehen. So bestehen bereits zwischen Friedman **(neoquantitätstheoretischer Monetarismus)** und den beiden anderen monetaristischen Hauptvertretern, Brunner und Meltzer **(Monetarismus der relativen Preise)**, unterschiedliche Auffassungen bzw. Präferenzen. Es war übrigens der aus der Schweiz stammende, über eine Tätigkeit bei der Schweizer Nationalbank und ein Anschlussstudium in Chicago zum Professor in Los Angeles und zuletzt an der Rochester University (N. Y.) avancierte Karl Brunner (1916–1989), der 1968 in einem Beitrag der Federal Reserve Bank of St. Louis den Terminus „Monetarismus" einführte.

Milton Friedman (1912–2006)

Geboren wurde der „Reanimator" der Quantitätstheorie, deren Grundaussage bereits in der zweiten Hälfte des 16. Jahrhunderts formuliert worden war, am 31. Juli 1912 in New York, und zwar als viertes Kind jüdischer, aus den Waldkarpaten (damals zu Österreich-Ungarn gehörig, heute zur Ukraine) stammender Einwanderer. Aufgewachsen ist **Milton Friedman** in eher ärmlichen Verhältnissen im industriellen Kernland New Jersey. Als Stipendiat der Rutgers University war er auf Tätigkeiten als Kellner und Verkäufer angewiesen. Vom ursprünglichen Studium der Mathematik (mit dem Ziel, Versicherungsstatistiker zu werden) fand er immer mehr – zuerst an der University of Chicago, dann als

DOI 10.1515/9783110530476-014

Abb. 16: Milton Friedman (1912–2006)

Assistent der Columbia University in New York und schließlich als Forschungsassistent wieder in Chicago – zur Volkswirtschaftslehre. Er promovierte mit einer 1940 an der Columbia University abgeschlossenen, aber erst nach dem Zweiten Weltkrieg publizierten Dissertation (übrigens als Koautor von Simon Kuznets), in der „erstmals die Konzepte des permanenten und transitorischen Einkommens behandelt wurden" (Friedman 1989, S. 491).

1946 nahm Friedman ein Lehrangebot an der Universität Chicago für ökonomische Theorie an – „Chicago war seit jeder meine geistige Heimat", so Friedman in einem autobiografischen Beitrag (Friedman 1989, S. 491) –, gleichzeitig leitete er beim National Bureau of Economic Research ein Projekt, welches die Rolle des Geldes im Konjunkturverlauf zum Inhalt hatte. Daraus ging später (1963) das zusammen mit Anna J. Schwartz verfasste Werk über die amerikanische Währungsgeschichte („A Monetary History oft the United States, 1867–1960") hervor, in dem sich auch die damals aufsehenerregenden Attacken auf die ungenügende Geldpolitik des Federal Reserve Systems während der Weltwirtschaftskrise finden, welche sich teilweise bis zu einer Mitschuldzuweisung steigern.

Wenn man die wichtigsten Publikationen Friedmans Revue passieren lässt, dann dürfen keinesfalls die 1953 erschienenen „Essays in Positive Economics" übergangen werden, eine Sammlung von bis ins Detail ausgefeilten Aufsätzen, unter anderem auch zu methodologischen Fragen. 1956 folgen Friedmans „Studies in the Quantity Theory of Money", in denen er die ehedem diskreditierte Quantitätstheorie mit dem dezidierten Statement, das Preisniveau hänge im Wesentlichen vom Geldangebot ab, rehabilitierte. In seiner ein Jahr später publizierten Schrift „A Theory of the Consumption Function" stellte er erstmals (im Gegensatz zum „current income" der Keynesianer) auf das „life-time income" ab. 1959 legte Friedman sein Konzept der Geldmengenpolitik in kompakter Form in „A Program for Monetary Stability" vor. In dem eher populärwissenschaftlich gehaltenen, 1962 erschienenen Buch „Capitalism and Freedom" propagierte er die Idee einer „negativen Einkommensteuer" und machte sich – alles Beispiele für marktorientierte Problemlösungen – für flexible Wechselkurse, für eine Freiwilligenarmee und für „educational vouchers" stark. Seit den 1960er-Jahren betätigte sich Friedman zunehmend als politischer Berater (u. a. im Stab der Präsidenten Nixon und Reagan).

Zu seiner bekanntesten Publikation zählt „The Optimum of Quantity of Money, and other Essays", erschienen 1969. 1976 erhielt Friedman für seine Beiträge zur Konsumanalyse, zur Geschichte und Theorie des Geldes sowie für die Darstellung der Komplexität der Stabilitätspolitik den Nobelpreis für Wirtschaftswissenschaften. Ende der 1970er-Jahre emeritiert, veröffentlichte Friedman – mittlerweile Senior Research Fellow am Hoover-Institut der Stanford University in Kalifornien – in den Folgejahren weitere Standardwerke des Monetarismus, unter anderem „Monetary Trends in the United States and the United Kingdom" (1982, zusammen mit A. J. Schwartz) und „Episodes in Monetary History" (1992).

Der Einfluss Friedmans auf eine ganze Reihe maßgeblicher Zentralbanken westlicher Länder darf als sehr hoch eingestuft werden, denn seit Mitte der 1970er-Jahre gehört die Feststellung eines jährlichen Geldmengenziels zum Kernstück ihrer Notenbankpolitik (wenngleich die angemahnte Stetigkeit im Sinne der konstanten Wachstumsrate der Geldmenge weitgehend Forderung blieb). Zweifelsohne beruht der Erfolg Friedmans zum einen auf seiner Fähigkeit, „klar und einfach zu formulieren, auf seiner Hartnäckigkeit und auf seiner Überzeugungskraft, die jeden, der sich mit ihm in eine Diskussion einläßt, rasch auf seine Seite bringt", zum anderen waren es „wohl auch die Erfahrungen, daß die Rezepte der Nachkeynesianer, die der Geldpolitik kaum noch Bedeutung beimaßen und die Fiskalpolitik in den Mittelpunkt rückten, zu immer mehr Inflation führten, die den Boden für die Anerkennung der Friedmann-Theorie bereiteten" (Seuß 1982, S. 9).

Am 16. November 2006 ist Friedman 94-jährig in San Francisco gestorben.

11.1 Kriterien

Nehmen wir eine Kernthese des Monetarismus vorweg: Danach ist nur dann eine dauerhaft zufriedenstellende Wirtschaftsentwicklung möglich, wenn **auf jede Art von Geldexperimenten verzichtet** wird (insbesondere auch auf die „diskretionäre" Politik des Stop and Go) und die reale Wirtschaft damit von monetär verursachten Störungen bzw. Schocks freigehalten wird. Stattdessen muss ein **im Voraus benanntes potenzialorientiertes und zugleich verstetigtes Geldmengenwachstum** erfolgen. Zinspolitische Aktivitäten der Notenbank und fiskalpolitische Maßnahmen des Staates sind zur Steuerung von Stabilität und Wachstum keinesfalls geeignet.

Dabei wird gern die **langfristige Sichtweise** – genauer: die Forderung nach einer langfristig ausgelegten potenzialorientierten Steuerung des Geldangebots – als markanter Gegensatz zum Keynesianismus herausgestellt. Daran ist richtig, dass eine Veränderung der Geldmenge auf kürzere Sicht den realwirtschaftlichen Sektor, also Produktion und Beschäftigung, beeinflusst, während sich langfristig bzw. auf Dauer die Auswirkungen auf das Preisniveau zeigen.

> Auf kurze Sicht, die allerdings fünf oder gar zehn Jahre betragen mag, berühren monetäre Änderungen hauptsächlich den Output. In Jahrzehnten betrachtet, beeinflusst die monetäre Wachstumsrate dagegen vor allem die Preise. Wie sich der Output entwickelt, hängt von realen Faktoren ab: dem Unternehmensgeist, dem Einfallsreichtum und dem Fleiß der Menschen, dem Ausmaß des Sparens, der Struktur der Industrie und der Regierung, den Beziehungen zwischen Völkern usw.
> (Friedman 1973, S. 64)

Die ordnungspolitisch-strukturelle Festlegung und damit die Betonung der langfristigen Orientierung verbindet den Monetarismus mit der Angebotspolitik. Die
geldpolitisch-konjunkturelle Blickrichtung (konjunkturelle Schwankungen werden
dabei als Folge exogener Störungen gesehen) lässt auch auf eine kurz- bzw. mittel-
fristige Orientierung des Monetarismus schließen. Bei differenzierter Betrachtung
ist es außerdem keineswegs zutreffend, Keynes jegliche Reflexion der langen Frist
abzusprechen (vgl. dazu Reuter 1998, passim; Kolb 1999, S. 640).

Bezogen auf die monetaristische Konzeption in den Vereinigten Staaten stellte
Thomas Mayer (University of California, Davis) in einem „The Structure of Monetarism" überschriebenen, viel beachteten Beitrag insgesamt **zwölf Kriterien** von durchaus unterschiedlicher Relevanz heraus, die ich wie folgt auf Deutsch wiedergebe (vgl.
Mayer [1975] 1978, S. 10 f.):

(1) Gültigkeit der Quantitätstheorie des Geldes
(2) Das monetaristische Modell des Transmissionsprozesses
(3) Die Annahme einer inhärenten Stabilität des privaten Sektors
(4) Die Irrelevanz von allokativen Details für die Erklärung von kurzfristigen Verän-
     derungen des Geldeinkommens
(5) Die stärkere Betonung der Bedeutung des Preisniveaus als Ganzes als die der ein-
     zelnen Preise
(6) Das größere Vertrauen in kleine als in große ökonometrische Modelle
(7) Die Verwendung der „Geldbasis" oder ähnlicher Parameter als Indikator für die
     Geldpolitik
(8) Die Verwendung der Geldmenge als geeignete Zwischenzielgröße der Geldpolitik
(9) Die Befürwortung einer festen Regel für das Geldmengenwachstum
(10) Die Ablehnung eines Trade-off zwischen Arbeitslosigkeit und Inflation zugunsten
     einer realen Phillips-Kurve
(11) Der höhere Rang der Geldwertstabilität als der Vollbeschäftigung
(12) Die Abneigung gegenüber staatlichen Eingriffen

Es soll nun kurz auf die vier zentralen Grundpositionen des Monetarismus eingegangen werden, die in den Punkten (1), (2), (3) und (10) angesprochen sind.

11.2 Grundpositionen

Der Monetarismus reklamiert zunächst die **Gültigkeit der Quantitätstheorie**. Als
Begründer dieser Geldwertlehre gilt bekanntlich der französische Staatsrechtslehrer Jean Bodin, der in der zweiten Hälfte des 16. Jahrhunderts behauptete, dass
sich die Güterpreise direkt proportional mit der Geldmenge verändern, bzw. dass
Geldmenge und Geldwert im umgekehrten Verhältnis zueinander stehen. Rund hundert Jahre später machte John Locke als einer der Ersten auf die Bedeutung der

Umlaufgeschwindigkeit aufmerksam, eine Erkenntnis, die später vor allem von Richard Cantillon vertieft wurde.

Friedmans „restatement" der Quantitätstheorie versteht sich – mit portfoliotheoretischer Mikrofundierung – als **Theorie der Geldnachfrage**: „Die Quantitätstheorie ist in erster Linie eine Theorie der Nachfrage nach Geld. Sie ist keine Theorie des Outputs oder des Geldeinkommens oder des Preisniveaus" (Friedman 1970, S. 78). Dogmenhistorisch gesehen führen zu dieser Reformulierung sehr unterschiedliche Brücken bzw. Wegstrecken: Da ist einmal die von Irving Fisher vorgestellte tautologische Verkehrsgleichung, also eine Identitätsgleichung, die aber durch eine Reihe von Verhaltensannahmen bzw. von Prämissen (z. B. wenn die Umlaufgeschwindigkeit kurzfristig als konstant, zugleich als technologisch und institutionell determiniert angesehen wird) durchaus theoretischen Gehalt zu gewinnen vermag. Als weitere, mehr oder weniger zielführende Ansätze sind zu nennen: die vom Transaktionsmotiv geprägte Cambridger Kassenhaltungstheorie (Marshalls und Pigous „cash balance approach"), Keynes' Liquiditätspräferenztheorie und Tobins „portfolio selection approach" (siehe dazu im Einzelnen Veltzke 1987, S. 47 ff.).

> Es entbehrt nicht der theoriegeschichtlichen Ironie, dass Keynes mit der Einführung der zinsabhängigen Spekulationskasse das empirisch beobachtete Schwanken der Umlaufsgeschwindigkeit logisch begründen wollte und damit die Quantitätstheorie verdrängte, während Friedman den durch die Keynes'sche Theorie errungenen wissenschaftlichen Fortschritt nutzte, um mit eben diesem keynesianischen Portfolioansatz die Cambridger Kassenhaltungstheorie weiterzuentwickeln und damit die erfolgreiche Renaissance der Quantitätstheorie einleitete.
> (Veltzke 1987, S. 59)

Im Mittelpunkt von Friedmans neoquantitätstheoretischer Fundierung der Geldnachfrage steht die **Optimierung der Vermögensaufteilung**, und zwar der *ultimate wealth-owning units*. Der sogenannte vermögenstheoretische Ansatz geht davon aus, dass Geld ein Vermögensobjekt neben vier anderen – Obligationen (festverzinsliche Wertpapiere), Anteilswerte (Aktien), physische Güter, Humankapital (produktive Kapazität des Menschen) – darstellt. Das Vermögen wird somit als Determinante der Geldnachfrage gesehen. „Das für seine Analyse relevante Einkommenskonzept ist der kapitalisierte Wert aller Quellen von ‚konsumierbaren Diensten'" (Meltzer 1978, S. 176). Mit anderen Worten: Es geht um das in der Tat langfristige **Konzept eines permanenten Einkommens**, um das vom Gesamtvermögen abgeleitete, dauerhaft erwartete Einkommen. Der sogenannte nutzentheoretische Ansatz sieht schließlich die Geldnachfrage durch Wahlhandlungen bestimmt, welche – mit Blick auf die Ertragsraten – durch die relativen Preise der einzelnen Vermögensarten und letztlich vom Grenznutzen- bzw. Grenzproduktivitätsdenken gesteuert werden.

Das monetaristische **Modell des Transmissionsprozesses** bezieht sich auf die Art und Weise der Übertragung monetärer Impulse auf den realen Sektor. Im Gegensatz zur klassischen Dichotomie der Wirtschaftstheorie in einen geld- und einen güterwirtschaftlichen Bereich geht es im Monetarismus (wie ja auch im Keynesianismus) dezidiert um die Aufhebung dieser Trennung. Konkret geht es also um die **Transmission von Geldmengenänderungen auf den realen Bereich**, d. h. auf Produktion, Beschäftigung, Wirtschaftswachstum, Zinsen etc. (Geldwirkungsprozess).

Ohne hier im Detail auf die beiden monetaristischen Varianten einzugehen (Friedman kapriziert sich auf den Einfluss von Geldmengenänderungen auf den nominellen Zinssatz, während Brunner und Meltzer auf die relativen Preise und auf Mengeneffekte abstellen), sei auf die vier von Thomas Mayer herausgestellten Verbindungen zwischen der Hypothese des Primats von Geldmengenänderungen und der monetaristischen Version des Transmissionsprozesses hingewiesen: „Die erste ist die Stabilität der Geldnachfrage, die zweite die relative Messbarkeit des Geldes und des Zinses, die dritte ist das Spektrum der berücksichtigten Vermögensanlagen und die vierte betrifft die relativen Preis- und Mengeneffekte" (1978, S. 21; zum Transmissionsprozess siehe im Einzelnen Mayer, S. 15 ff.).

Die neoklassische Fundierung des Monetarismus wird am deutlichsten in der Annahme einer inhärenten (relativen) **Stabilität des privaten Sektors**. Solange dieser sich selbst überlassen bleibe, also nicht durch wirtschaftspolitische Eingriffe gestört werde, tendiere die Marktwirtschaft vor dem Hintergrund einer stabilen Geldnachfrage und via Preismechanismus zu einem stabilen Gleichgewicht. Die Selbstheilungskräfte des Marktes seien in der Lage, temporäre Ungleichgewichte abzubauen und exogene Schocks zu absorbieren.

Schließlich gehört zum „Markenzeichen" des Monetarismus das **Misstrauen gegenüber der Phillips-Kurve**, d. h. gegenüber der angenommenen Wechselbeziehung zwischen Inflation und Arbeitslosigkeit. In ihrer ursprünglichen, 1958 von Phillips gebrachten Darstellung wird auf eine stabile nicht lineare Beziehung zwischen Arbeitslosenquote und Veränderungsrate der nominalen Lohnsätze abgehoben, wobei einer niedrigen Arbeitslosenquote eine hohe Wachstumsrate der Nominallohnsätze zugeordnet wird und umgekehrt. Unter Zugrundelegung „einer etwas kruden Lohnaufschlagstheorie" (Kalmbach 1973, S. 29) erfuhr die Phillips-Kurve später insofern eine Modifikation, als eine Beziehung zwischen der Arbeitslosenquote und der Veränderungsrate des Preisniveaus postuliert wurde. Ein diesbezüglicher Trade-off wird aus monetaristischer Sicht zurückgewiesen: Nur kurzfristig zeige die Phillips-Kurve eine negative Steigung, langfristig sei dagegen ein senkrechter Verlauf festzustellen (vgl. dazu und in Gegenüberstellung zur keynesianischen Sicht Kalmbach 1973, S. 29 ff.). Von Bedeutung ist in diesem Zusammenhang, dass im Friedman'schen Theorieansatz von der **Hypothese einer natürlichen Arbeitslosenquote** ausgegangen wird, also bei Gleichgewicht eine durch Friktionen, aber auch durch Strukturwandel bedingte „natürliche" Arbeitslosigkeit unterstellt wird.

11.3 Literatur

Brunner, K.: The Role of Money and Monetary Policy. In: Federal Reserve Bank of St. Louis, Review, Vol. 50 (July 1968). S. 8–24.

Friedman, M.: Studies in the Quantity Theory of Money. Chicago 1956. [Die Quantitätstheorie des Geldes: eine Neuformulierung. In: ders.: Die optimale Geldmenge und andere Essays. München 1970, S. 77–99.]

Friedman, M.: Die Gegenrevolution in der Geldtheorie. In: Kalmbach, P. (Hrsg.): Der neue Monetarismus. München 1973, S. 47–69.

Kalmbach, P.: Einleitung: Der neue Monetarismus. In: Kalmbach, P. (Hrsg.): Der neue Monetarismus. München 1973, S. 9–46.

Kolb, G.: Ökonomische Problemlösungen im Spiegel der Geschichte der Volkswirtschaftslehre. In: WiSt, 28. Jg. (1999), S. 634–641.

Mayer, T.: The Structure of Monetarism. In: Kredit und Kapital Jg. 8 (1975), S. 191–218 (I) und S. 293–316 (II). [Die Struktur des Monetarismus. In: Ehrlicher, W./Becker, W.-D. (Hrsg.): Die Monetarismus-Kontroverse. Eine Zwischenbilanz. Beihefte zu Kredit und Kapital, Heft 4, Berlin 1978, S. 9–56.]

Meltzer, A. H.: Monetaristische, keynesianische und Quantitätstheorie. In: Ehrlicher, W./Becker, W.-D. (Hrsg.): Die Monetarismus-Kontroverse. Eine Zwischenbilanz. Beihefte zu Kredit und Kapital, Heft 4, Berlin 1978, S. 171–202.

Reuter, N.: Wachstumseuphorie und Verteilungsrealität. Wirtschaftspolitische Leitbilder zwischen Gestern und Morgen. Mit Texten zum Thema von John Maynard Keynes und Wassily Leontief. Marburg 1998.

Veltzke, H. H.: Theorie und Politik des Monetarismus. Wissenschaftslogische Analyse und Kritik des neoquantitätstheoretischen Ansatzes Milton Friedmans. Pfaffenweiler 1987.

12 Der Neoliberalismus

Dies vorweg: Wenn in der aktuellen wirtschafts- und gesellschaftspolitischen Diskussion von den Sünden des Neoliberalismus die Rede ist, dabei die „soziale Entpflichtung" der Wirtschaft angeprangert und eine „Zähmung des Turbokapitalismus" angemahnt wird, dann kann nicht der Neoliberalismus gemeint sein, wie er sich im 20. Jahrhundert – gerade in Abgrenzung zum Paläoliberalismus – herausgebildet und im dogmenhistorischen Verständnis etabliert hat. Tatsächlich wird der Terminus „Neoliberalismus" im allgemeinen Sprachgebrauch seit einigen Jahren zunehmend diskreditierend für (Entartungs-)Prozesse des marktwirtschaftlichen Systems verwendet.

Wie konnte es geschehen, dass die dogmenhistorische Position des Neoliberalismus beinahe widerstandslos umgedeutet bzw. dieser Begriff neu besetzt wurde? Es drängen sich vor allem zwei Beobachtungen auf:

- Zum einen ist die ökonomische Ideengeschichte innerhalb der Hochschullehre während der letzten 25 Jahre vernachlässigt worden. Selbst diplomierte Volkswirte wissen über theoriegeschichtliche Entwicklungen ihrer Disziplin allenfalls bruchstückhaft Bescheid, sodass entsprechende Stellungnahmen und Klarstellungen in der Öffentlichkeit kaum stattfinden. Damit ist das Feld für politisch motivierte Interessen frei.
- Weiterhin beobachtet man in letzter Zeit innerhalb der Volkswirtschaftslehre eine allzu großzügige und unkritische Handhabung der lehrgeschichtlichen Zuordnung. Wenn man etwa feststellt, dass der austro-paläoliberale Friedrich August v. Hayek (der sich in seinem Misstrauen gegenüber konstruktivistischen Entwürfen zu der Aussage verstieg, er könne nicht sozial denken, weil er nämlich gar nicht wisse, was das sei) ohne Vorbehalte als Neoliberaler erscheint, dann braucht man sich nicht zu wundern, wenn dem Neoliberalismus Intentionen unterstellt werden, welche seiner originären Konzeption widersprechen.

Was versteht man nun unter Neoliberalismus im ursprünglichen Sinn, welches war die Ausgangs- und Entwicklungssituation und welche Richtungen sind zu unterscheiden?

12.1 Zentrales Anliegen: Begrenzung der Macht

Zunächst: Der Neoliberalismus stellt eine durch Diversifikation gekennzeichnete und nicht allein auf das Ökonomische beschränkte Richtung des (vorzugsweise wirtschaftlichen) Liberalismus dar. In Überwindung des allzu unkritisch auf Laissez-faire setzenden Paläoliberalismus leitet sie aus den zumindest partiell sozial unbefriedigenden Ergebnissen der Marktautomatik die Forderung nach einem auch **gegen die Ver-**

DOI 10.1515/9783110530476-015

machtung der Wirtschaft (Böhm 1928: „Das Problem der privaten Macht") auftretenden **starken Staat** ab.

Wenngleich Wurzeln eines neoliberalen Gedankenguts bis ins ausgehende 19.
Jahrhundert zurückverfolgt werden können (Anti-Trust-Bewegung in den USA) und
Hobhouse 1911 in seinem Buch „Liberalism" für Großbritannien eine Art Sozialreform
anmahnte, bleibt festzuhalten, dass die Epoche des Laissez-faire erst mit Ausbruch
des Ersten Weltkriegs endete. Von nun an setzte weltweit ein wirtschafts- und insbesondere auch währungspolitisches Experimentieren ein. Zudem war kaum mehr ein
Staat bereit, auf eine autonome Konjunkturpolitik zu verzichten.

12.2 Beschränkung staatlicher Interventionen auf marktkonforme Maßnahmen

Im deutschsprachigen Raum wurde das theoretische Fundament des Neoliberalismus
vor dem Hintergrund der liberalen Theorietradition zur Interventionsfrage vor allem
in den 1930er-Jahren gelegt. So warf **Alexander Rüstow** 1932 in einem Diskussionsbeitrag zum wirtschaftspolitischen Interventionsproblem auf der Tagung des Vereins
für Socialpolitik die Frage auf, ob es wirklich nur die Wahl zwischen Laissez-faire und
einem permanenten Intervenieren gegen letztlich nicht abwendbare Strukturverän-
derungen gäbe. Als neoliberales Credo formulierte Rüstow (S. 64 f.):

> Ich glaube, dass es eine dritte Art des Verhaltens gibt [...] Das wäre ein Eingreifen in genau der ent-
> gegengesetzten Richtung, als in der bisher eingegriffen worden ist, nämlich nicht entgegen den
> Marktgesetzen, sondern in Richtung der Marktgesetze, nicht zur Aufrechterhaltung des alten,
> sondern zur Herbeiführung des neuen Zustandes, nicht zur Verzögerung, sondern zur Beschleu-
> nigung des natürlichen Ablaufs. Also sozusagen ein liberaler Interventionismus [...].

Wilhelm Röpke benannte 1944 im Schema seiner Grundlinien eines Gesamtpro-
gramms der Wirtschafts- und Gesellschaftsreform (S. 100):
– „I. Herstellung einer echten Wettbewerbsordnung (Antimonopolpolitik)
– II. Positive Wirtschaftspolitik (Anti-Laissez-faire)
– Rahmenpolitik
– Marktpolitik (liberaler Interventionismus)
– III. Anpassungsinterventionen contra Erhaltungsinterventionen
– IV. Konforme Interventionen contra nichtkonforme Interventionen
– V. Wirtschaftlich-soziale Strukturpolitik (Ausgleich, Dezentralisierung, ‚Wirt-
  schaftshumanismus')
– Gesellschaftspolitik."

Die **gesetzliche Festlegung des institutionellen Rahmens des Wirtschaftspro-zesses** und die **Beschränkung staatlicher Interventionen auf marktkonforme Maßnahmen** sind Erkennungsmerkmal neoliberaler Positionen. So meinte Röpke, es sei „gerade der Kardinalfehler des alten liberalen, ‚kapitalistischen' Denkens und Handelns gewesen, die Marktwirtschaft als einen in sich selbst ruhenden und au-tomatisch abschnurrenden Prozess zu betrachten. Man hatte übersehen, dass die Marktwirtschaft nur einen engeren Bezirk des gesellschaftlichen Lebens ausmacht, der von einem weiteren umrahmt und gehalten wird [...]" (S. 82). Er hob damit auf die außerökonomischen, aber ökonomisch relevanten anthropologisch-soziologischen Rahmenbedingungen ab.

12.3 Varianten des Neoliberalismus

„Von Anbeginn war die neoliberale Bewegung [...] in eine ‚gemäßigt' interventionis-tische [sozialliberale] und eine den ‚Wettbewerbsmechanismus als ausschließliches Gestaltungsprinzip' betrachtende Richtung gespalten. Zu Letzterer formierte sich seit den dreißiger Jahren [W. Lippmann, L. Rougier, L. C. Robbins] unter dem Erlebnis totalitärer Staatssysteme in erster Linie der Neoliberalismus deutschsprachiger Na-tionalökonomen [...]" (Boelcke 1980, S. 45). Hier war es der gelegentlich auch als deut-sche Variante des Neoliberalismus bezeichnete und am mittelalterlich-scholastischen

Abb. 17: Walter Eucken (1891–1950)

Ordo-Gedanken orientierte **Ordoliberalismus** der „Freiburger Schule". Unter Führung von **Walter Eucken** (1891–1950) und mit Unterstützung unter anderem durch die Nationalökonomen Constantin von Dietze, Adolf Lampe und Leonhard Miksch sowie die Wirtschaftsjuristen Franz Böhm und Hans Großmann-Doerth wurde seit den 1930er-Jahren und erst recht im Verlauf des Zweiten Weltkriegs im Zusammenhang mit Überlegungen, unter welchen Rahmenbedingungen die Nachkriegswirtschaft zu gestalten wäre, der Ordoliberalismus konzipiert.

Der **Ordo-Gedanke** bezieht sich auf eine Ökonomie, die dem „Wesen des Menschen und der Sache entspricht". Es geht um eine durch „Maß und Gleichgewicht" geprägte Ordnung der Wirtschaft, um die „sinnvolle Zusammenfügung der Mannigfaltigkeit zu einem Ganzen" (Eucken 1952, S. 372). Zweifellos kommen dabei Normen bzw. Wertungen mit ins Spiel und wohl auch die Frage nach dem Sinn, nach Sinnverwandtschaft und Sinnadäquanz. (Mittlerweile hat sich in der Volkswirtschaftslehre die bis in die 1960er-Jahre virulente Sinnfrage weitgehend verflüchtigt. Es gibt Zeiten, so hat es der Philosoph Nicolai Hartmann einmal ausgedrückt, die für gewisse Fragen blind werden. Er fügte hinzu, dass dies nicht an den Problemen selbst liege, sondern am Problembewusstsein der jeweiligen Zeit.)

Vom Ordoliberalismus der Freiburger Schule ist eine **mehr durch soziologische Fragestellungen gekennzeichnete Richtung** zu unterscheiden, die vor allem mit den Namen Wilhelm Röpke, Alexander Rüstow und Alfred Müller-Armack verbunden ist. Letzterer ist bekanntlich der Schöpfer des Begriffs „Soziale Marktwirtschaft", wie unsere heutige Wirtschaftsordnung bezeichnet wird, an deren Realisierung er zusammen mit Ludwig Erhard beteiligt war.

12.4 „Denken in Ordnungen" hat Tradition

Das von Eucken reklamierte **Denken in Ordnungen** – in Abgrenzung zum „Denken in Entwicklungen", das durch die Historische Schule gefördert und unter anderem in den Wirtschaftsstufentheorien zum Tragen gekommen ist – hat in der Volkswirtschaftslehre durchaus Tradition. Es sei an die entsprechenden Implikationen im merkantilistischen Schrifttum oder an die von den Physiokraten zum Mittelpunkt ihrer Lehre erhobene „natürliche Ordnung" erinnert. Auch im Liberalismus galt die natürliche Ordnung als so selbstverständlich, dass das Problem der Wirtschaftsordnung – inzwischen freilich von den Frühsozialisten aufgegriffen – von einem Teil der Vertreter der liberalen Wirtschaftslehre, insbesondere französischer Provenienz, gar nicht mehr weiter thematisiert wurde.

In dieses mehr oder weniger bestehende Vakuum drang im 19. Jahrhundert – auf der Evolutionsidee fußend – mit den Wirtschaftsstufentheorien das Denken in Entwicklungen ein, dessen Ende aber bereits Anfang des 20. Jahrhunderts mit dem von Max Weber eingebrachten Begriff des Idealtypus eingeläutet wurde. In Auseinandersetzung mit dem Idealtypus entwickelte dann Werner Sombart ab 1925 unter

Zugrundelegung der sogenannten **Grundbestandteile der Wirtschaft**, nämlich „Geist" (Wirtschaftsgesinnung), „Form" (Ordnung) und „Technik", seine Gestaltidee des Wirtschaftssystems. Dabei gehört die Kategorie Form (Ordnung) eher zu den Schwachpunkten der Sombart'schen Systemidee. Gerade aber dem Formelement, dem Ordnungsgefüge der Wirtschaft, galt mit den 1940 in erster Auflage erschienenen „Grundlagen der Nationalökonomie" das Hauptinteresse Walter Euckens: Die ordnungstheoretische Reflexion wurde von ihm zum „Kardinalproblem" erhoben (siehe im Einzelnen Kolb 2012, S. 31 ff.).

12.5 Wettbewerb als staatliche Aufgabe

Für Neo- bzw. Ordoliberale ist die Wettbewerbswirtschaft nicht mehr die sich von selbst einstellende „natürliche Ordnung". Hervorgehoben werden stattdessen **Tendenzen zur Einschränkung des Wettbewerbs**, gerade durch die wirtschaftlich starken Marktteilnehmer. Als Garant für eine funktionierende Wettbewerbsordnung wird deshalb ein starker Staat gefordert und **Wettbewerb als Aufgabe**, als „staatliche Veranstaltung", proklamiert.

Eucken konzipierte als **konstituierende Prinzipien** der Wettbewerbsordnung ein funktionsfähiges Preissystem vollständiger Konkurrenz, den Primat der Währungspolitik, offene Märkte, Privateigentum, Vertragsfreiheit, Haftung und Konstanz der Wirtschaftspolitik. Als **regulierende Prinzipien** für die Funktionsfähigkeit kamen hinzu: eine Monopolaufsicht, eine Einkommenspolitik zur Korrektur der primären Einkommensverteilung nach sozialen Gesichtspunkten, eine Korrektur der Wirtschaftsrechnung (bei negativen externen Effekten!) und wirtschaftspolitische Maßnahmen bei anomaler Reaktion des Angebots auf dem Arbeitsmarkt. Betont wird auch die Interdependenz der verschiedenen Ordnungen, insbesondere zwischen Wirtschafts- und Staatsordnung (1952, S. 254 ff.).

Vieles spricht allerdings für die Richtigkeit der 1980 von Boelcke getroffenen Einschätzung, dass der Neoliberalismus „trotz der historisch begründeten Skepsis, ob der Staat in pluralistischen Demokratien überhaupt imstande sei, das wirklich Allgemeine zu artikulieren, zu repräsentieren und zugunsten des Gemeinwohlprimats gegenüber mächtigen Gruppeninteressen durchzusetzen, [...] zu einer Überschätzung der Realisierbarkeit seiner Vorstellungen [neigt]" (Boelcke 1980, S. 45).

12.6 Literatur

Böhm, F.: Das Problem der privaten Macht. In: Die Justiz, Band III (1927/28), S. 324–345.
Böhm, F.: Die Ordnung der Wirtschaft als geschichtliche Aufgabe und rechtsschöpferische Leistung. Stuttgart/Berlin 1937.
Boelcke, W. A.: Art. Liberalismus. In: HdWW, Band 5 (1980), S. 32–47.

Eucken, W.: Die Grundlagen der Nationalökonomie. Jena 1940.

Eucken, W.: Grundsätze der Wirtschaftspolitik. Tübingen/Zürich 1952.

Kolb, G.: Einführung in die Volkswirtschaftslehre. Wissenschafts- und ordnungstheoretische Grundlagen. München 2012.

Röpke, W.: Civitas humana. Grundfragen der Gesellschafts- und Wirtschaftsreform. Erlenbach-Zürich 1944.

Rüstow, A.: Diskussionsbeitrag auf der 32. Tagung des Vereins für Socialpolitik am 28.11.1932. In: Boese, F. (Hrsg.): Deutschland und die Weltkrise. Schriften des Vereins für Socialpolitik, Band 187, München/Leipzig 1932, S. 62–69.

13 Die Evolutorische Wirtschaftstheorie

Gelegentlich wird die Meinung vertreten, der Begriff **Evolutorische Ökonomik** gehe auf Anfang der 1980er-Jahre erschienene Publikationen zurück (z. B. Boulding 1981; Nelson/Winter 1982). Tatsache ist jedoch, dass die Termini „Evolution" bzw. „evolutionär" in der Volkswirtschaftslehre keineswegs neu sind, und es auch zuvor bereits verschiedene theoretische Bemühungen gab.

13.1 Vorläufer der Evolutorischen Ökonomik

Bereits in der merkantilistischen Literatur finden sich Gedanken, die als rudimentäre Theorie der wirtschaftlichen Entwicklung interpretiert werden können. Boulding bezeichnet Adam Smith und Robert Malthus (ebenso wie Alfred Marshall) „in a very real sense" als „evolutionary theorists" (1981, S. 17). Mancur Olson rekonstruierte 1982 sehr überzeugend die Smith'sche Vision einer aufblühenden, einer stagnierenden und einer schrumpfenden Wirtschaft. Seit David Ricardo prognostizierten die Klassiker, wie später auch Karl Marx über die sinkende Profitrate, eine Entwicklung, die zu einem stationären Endzustand führen würde. Im Rahmen der Evolutionsidee, die das 19. Jahrhundert prägte (Darwinismus, Spencerismus), schlug sich in den Wirtschaftsstufentheorien der Historischen Schule ein Denken in Entwicklungen nieder, das vom Optimismus der ständigen Höherentwicklung getragen war, wobei die stufen- bzw. schubweise Entfaltung der ökonomischen Aktivität für die Entwicklung typisch war.

Weiterhin galten Konjunktur und Wachstum als Phänomene, die von der Wirtschaftstheorie untersucht wurden. So gibt es etwa seit Mitte des 19. Jahrhunderts eine systematische Konjunkturforschung und etwa seit Mitte des 20. Jahrhunderts eine auf die (allerdings schon ein halbes Jahrhundert zuvor einsetzende) Analyse langfristiger Wachstumsprozesse ausgerichtete Wachstumstheorie.

13.2 Qualitativer versus quantitativer Wandel

Worin unterscheidet sich der evolutorische Ansatz in der Ökonomik von wachstumstheoretischen Bemühungen?

Mit **Joseph A. Schumpeter** (1883–1950), der in seiner „Theorie der wirtschaftlichen Entwicklung" den wirtschaftlichen Wandel und dessen Triebkräfte untersuchte, werden nur solche Veränderungen im Wirtschaftsleben als Entwicklung verstanden, „die die Wirtschaft aus sich selbst heraus zeugt, nur eventuelle Veränderungen der ‚sich selbst überlassenen', nicht von äußerem Anstoße getriebenen Volkswirtschaft" (1997, S. 95). **Entwicklung meint vor allem qualitativen, Wachstum dagegen quantitativen Wandel.** So wird „das bloße Wachstum der Wirtschaft, wie es sich

DOI 10.1515/9783110530476-016

in Bevölkerungs- und Reichtumszunahme darbietet, nicht als Entwicklungsvorgang bezeichnet. Denn es ruft keine qualitativ neuen Erscheinungen hervor, sondern nur Anpassungsvorgänge [...]" (1997, S. 96).

In der Evolutorischen Wirtschaftstheorie geht es um das Hinterfragen der an sich stationären Kreislaufidee (ständige Wiederholung des Gleichen), des Abstellens auf zeit- und raumlose Gleichgewichtslagen,

> in denen die Waren und Produktionsanlagen der Betriebe ebenso „gegeben" sind wie die Bedarfs-
> strukturen der Menschen. Qualitative Änderungen, z. B. von Waren oder in der Bewertung eines
> Gutes, sind durch das „Ertragsgesetz" und das Auftreten neuer Bedürfnisse [...] durch die sog.
> „Gossenschen Gesetze" ausgeschlossen. Lediglich Preise, Kosten und Mengen können variieren.
> (Arndt 1992, S. 9)

Es geht um die mit Entwicklung und Anpassung von Angebot und Nachfrage einherge-
hende dynamische, schöpferische, kreative Aktivität des Menschen, um den **ökonomischen Wandel und seine endogenen Wirkfaktoren**, also um eine Verknüpfung
Schumpeter'scher Denktradition mit Vorstellungen über das nur eingeschränkt ratio-
nal geprägte Organisationsverhalten.

Joseph Alois Schumpeter (1883–1950)

Er war einer der ganz Großen, vielleicht sogar – was er bereits seit Jugendjahren anstrebte – einer der
Größten, der mit einem Gesamtwerk von rund 250 Titeln weit über die Umsetzung der Idee des Evolutorischen in ein dynamisches Konzept hinausragende Nationalökonom und Wirtschaftssoziologe;
mehrere durchaus wohlmeinende Biografen sprechen in Anspielung auf manche seiner Exzentrizitä-
ten freilich auch von einem gelegentlichen „enfant terrible". Unterschiedliche Einschätzungen, auch
in Bezug auf seinen politischen Standort: Friedrich v. Wieser notierte 1919 über seinen ehemaligen
Studenten und eben ernannten Finanzminister: „Schumpeter als ‚bürgerlicher Prügelknabe' in der
neuen Regierung, er, der Monarchist, der Erzkonservative, [...] der Feind der Sozialdemokratie!" (1992,
S. 10); 1945 urteilt Edgar Salin in der Einleitung zur deutschen Ausgabe von „Kapitalismus, Sozialismus und Demokratie": „Schumpeter ist Sozialist. Aber kein Sozialist, gehöre er zu den Marxisten
oder den Fabiern, wird seinen Sozialismus bei Schumpeter finden." (Schumpeter 1993, S. 485); John
Kenneth Galbraith, zeitweise Hörer bei **Joseph A. Schumpeter** und späterer Kollege an der Harvard
University, sieht in ihm „the most sophisticated conservative of this century" (1986, S. 288). Recktenwald aber meint, es sei „ganz natürlich, daß eine Persönlichkeit mit solch weiten Interessen in
Wissenschaft und Praxis, gelehrt und ideenreich, mit einem wachen Sinn für Neues und Mögliches,
auf Widerstand stößt und recht unterschiedlich als Mensch und Forscher gesehen und beurteilt wird.
Hinzu kommt, daß er ein neues Paradigma entwirft, [...] dessen fundamentale Bedeutung erst heute
richtig erkannt wird." (1988, S. 7)

Am 8. Februar 1883 in Triesch (in der damaligen österreichisch-ungarischen Provinz Mähren,
heute Třešt in Teschechien) als Sohn eines Tuchfabrikanten geboren, als Student der Jurisprudenz
in Wien unter anderem Seminarteilnehmer bei Friedrich v. Wieser, Eugen v. Philippovich und Eugen v.
Böhm-Bawerk, wird Schumpeter, nachdem – 25-jährig! – 1908 seine wissenschaftstheoretisch ausgerichtete Habilitationsschrift „Das Wesen und der Hauptinhalt der theoretischen Nationalökonomie"
erschienen war, außerordentlicher Professor für Wirtschaftswissenschaften an der damals östlichsten
deutschsprachigen Universität in Czernowitz (Hauptstadt der Bukowina, seinerzeit entlegene Provinz
der Donaumonarchie, heute Ukraine). 1911 erhält er gegen das Votum der Fakultät einen Ruf auf eine

Abb. 18: Joseph A. Schumpeter (1883–1950)

ordentliche Professur für Politische Ökonomie an die Universität Graz. Im Herbst desselben Jahres (im Buch ist 1912 als Erscheinungstermin angegeben) publiziert Schumpeter seine „Theorie der wirtschaftlichen Entwicklung"; diese seit 2006 als Nachdruck der ersten Auflage von 1912 vorliegende Schrift ist es vor allem, auf die sich die gegenwärtige „Renaissance Schumpeterschen Ideenguts" (Hanusch 1991, S. 22) stützt, und weshalb manchmal gar von einem kommenden „Zeitalter Schumpeters" (Hanusch 1991, S. 19) gesprochen wird.

Weniger überzeugend als sein wissenschaftliches Werk ist freilich sein politisches und ökonomisches Wirken in der Praxis: Obwohl sich Schumpeter „als selbsternannter Berater des Kaisers" (Swedberg 1994, S. 73) in den Jahren 1916 und 1917 mit drei Memoranden bemüht, den österreichisch-ungarischen Adel gegen Deutschlands Vorschlag eines Zollbündnisses mit Österreich-Ungarn einzunehmen und einer konservativen Volkspartei das Wort redet, zeigt er keine Skrupel, 1919 in Berlin als Mitglied der deutschen Sozialisierungskommission zu agieren. Im selben Jahr wird der parteilose Schumpeter in einer von den Sozialisten dominierten Koalitionsregierung Österreichs Finanzminister (offizieller Titel: Staatssekretär für Finanzen); nach nur sieben Monaten Amtszeit wird er wegen verschiedener persönlicher Misshelligkeiten entlassen. Wenn man die geradezu spannende Synopse Swedbergs Revue passieren lässt, kommt man nicht umhin, bei Schumpeter eine gewisse Neigung zum Opportunistischen zu konstatieren. Swedberg kommt zu der Einschätzung, dass es schwerfalle, „ihn für einen geschickten Politiker zu halten. Immer wieder setzte er sich für aussichtslose Projekte ein. Er beurteilte Situationen häufig falsch und hatte ein Faible für Intrigen." (1994, S. 95) Schließlich war auch Schumpeters „Gastspiel" im Geschäftsleben ein Misserfolg: 1921 wurde er Präsident einer angesehenen kleinen Wiener Privatbank, die 1924 – allerdings ohne eine direkte Schuld Schumpeters – in Schwierigkeiten geriet. Schumpeter wurde entlassen und verlor zudem wegen privater Fehlinvestitionen Privatvermögen. Sein Scheitern in der Praxis steckte Schumpeter – ausgenommen den ihn drückenden Schuldenberg – relativ mühelos weg. Die Tatsache, dass sich bei ihm, den man eher als leichtlebig kannte, ab 1926 nicht selten depressive Züge einstellten, hängt primär mit dem Tod von ihm nahestehenden Familienangehörigen zusammen.

Beruflich drängte es Schumpeter zu akademischen Tätigkeiten zurück. Als ihm 1925 nach Überwindung mancher Vorbehalte auf Betreiben Arthur Spiethoffs ein Ruf auf den frei gewordenen Lehrstuhl für öffentliche Finanzwissenschaft an der Universität Bonn erteilt wurde, kam dies Schumpeter sehr gelegen, zumal er dabei auch die Chance sah, über das engere Feld der Finanzwissenschaft hinausgehend, dogmenhistorische, soziologische und insbesondere auch wirtschaftstheoretische Themen einzubringen. Als richtungweisender Aufsatz seiner Bonner Zeit erscheint 1926 „Gustav v. Schmoller und die Probleme von heute". Ähnlich wie etwa 20 Jahre vorher Max Weber geht es Schumpeter dabei um die Konzeption einer übergreifenden Wirtschaftswissenschaft, um die Synthese von historisch orientierter und analytischer Ökonomie, um die Struktur der Sozialökonomik (mit Bezug auf Schmollers diesbezüglichen Beitrag). Angemahnt wird eine interdisziplinäre Koordination von Theorie, Geschichte, Soziologie und Statistik innerhalb der Wirtschaftslehre, wobei allerdings nicht einem integrativen, sondern einem kooperativen Konzept das Wort geredet wird.

Nachdem Schumpeter bereits im Winter 1927/1928 an der Harvard University eine Gastprofessur wahrnahm, er dort wiederum im Herbst 1930 lehrte, im selben Jahr in Cleveland als Gründungsmitglied der Econometric Society fungierte, 1931 auch in Japan einige Vorlesungen hielt, bekundete er – dem man Ende der 1920er-Jahre Lehrstühle an den Universitäten Freiburg, Kiel und Prag anbot – lebhaftes Interesse am Berliner Lehrstuhl für Wirtschaftstheorie, der durch die 1931 erfolgte Emeritierung Werner Sombarts frei wurde. Die Tatsache, dass auch ein zweiter Lehrstuhl an der renommierten Berliner Universität an einen anderen Bewerber ging, empfand Schumpeter als schmerzliche Niederlage, sodass er die an ihm interessierte Harvard University wissen ließ, er sei für den Ruf – der ihn 1932 erreichte – offen. Mehrere Umstände, dass Schumpeter z. B. 1933 die amerikanische Staatsbürgerschaft beantragte und auch nie mehr nach Deutschland zurückkehrte, deuten darauf hin, dass er „eine radikale Veränderung in seinem Leben suchte" (Swedberg 1994, S. 151). Allerdings ist die anfängliche Begeisterung für die USA zunehmend einer gewissen Ernüchterung gewichen, auch in Bezug auf das Umfeld der Cambridger Hochschule. Dort fiel auf, dass sich „Schumpy", wie die Studenten ihren Professor nannten, zwar um die Integration der Mathematik in das ökonomische Curriculum verdient machte, dass er aber selbst kaum mathematikdidaktisches Talent besaß und auch in seinen Veröffentlichungen keine mathematischen Methoden erkennbar wurden. „Einem Kollegen schildert er seine Unfähigkeit in Mathematik in einem Brief von 1933 mit derart farbigen Worten, daß man den Eindruck gewinnt, es handele sich eher um eine Tugend." (Swedberg 1994, S. 164)

Von Schumpeter als eine Art Fortführung seiner „Theorie der wirtschaftlichen Entwicklung" (die 1926 vollständig überarbeitete in 2. Auflage erschien, dann als unveränderte Nachdrucke zu Lebzeiten des Autors 1930 und 1934 weitere Auflagen hatte; 1934 wurde eine englische Übersetzung publiziert, weitere Übertragungen erfolgten in Französisch, Japanisch und Spanisch, wobei die japanische Übersetzung aus dem Jahr 1937 ein thesenartig konzipiertes Vorwort enthält, welches sich dann auch in allen folgenden deutschen Auflagen findet) verstanden, erschien 1939 sein zweibändiges Monumentalwerk „Business Cycles" mit dem kennzeichnenden Untertitel „A Theoretical, Historical, and Statistical Analysis of the Capitalist Process". Es umfasst die Entwicklung des Kapitalismus vom späten 18. Jahrhundert bis in die Dreißigerjahre des 20. Jahrhunderts. Als die vier Stadien der Konjunkturzyklen ergeben sich Prosperität, Rezession, Depression und Erholung, wobei drei Zyklen unterschieden werden, nämlich der einleitende Kitchin-Zyklus (mit einem Mittelwert von 40 Monaten Dauer), der als eigentlicher Konjunkturzyklus angesehene (durchschnittlich neun bis zehn Jahre andauernde) Juglar-Zyklus und der (50 bis 60 Jahre umfassende) Kondratieff-Zyklus. Als zentrales Bewegungsmoment im kapitalistischen Prozess erscheint die (nicht nur technologische) Innovation.

War in den „Business Cycles" von den vier für eine umfassende Sozialökonomik als relevant angesehenen Teildisziplinen, nämlich Theorie, Geschichte, Soziologie und Statistik die soziologische Komponente – unter der Annahme über all die Jahre unveränderten institutionellen Struktur (was sich für die 1930er-Jahre als nicht mehr durchhaltbar erwies) – ausgeklammert geblieben, so wandte sich Schumpeter in seinem 1942 erschienenen, wohl populärsten Werk „Capitalism, Socialism and

Democracy" gerade den soziologischen Aspekten zu, wobei der moderne Kapitalismus in einem Stadium des institutionellen Übergangs vom Konkurrenzkapitalismus zum Monopolkapitalismus gesehen wird. Das in eine Vielzahl von Sprachen übersetzte Buch – in Deutsch liegt mittlerweile die 8. Auflage vor – ist nach Aussagen Schumpeters „die Frucht [s]einer Bemühung, die Summe einer beinahe vierzigjährigen Gedankenarbeit, Beobachtung und Forschung über das Thema des Sozialismus in eine lesbare Form zu gießen" (1993, S. 481). Außer der von der Theorie her mit Ja („höhere Stufe der Rationalität des sozialistischen Grundplans") beantworteten Frage „Kann der Sozialismus funktionieren?" (dritter Teil des Buches) wird im zentralen zweiten Teil der Frage nachgegangen: „Kann der Kapitalismus weiterleben?". Hier versucht der Autor aufzuzeigen, „daß eine sozialistische Gesellschaftsform unvermeidlich aus einer ebenso unvermeidlichen Auflösung der kapitalistischen Gesellschaft entstehen wird [...] Der Kapitalismus wird durch seine eigenen Errungenschaften umgebracht." (Schumpeter 1993, S. 482)

Es gibt Hinweise darauf, dass Schumpeter bereits Mitte der 1930er-Jahre plante, seine erstmals 1914 erschienene kleinere Abhandlung „Epochen der Dogmen- und Methodengeschichte" (2. Auflage 1924) durch eine umfassendere „History of Economic Thoughts" zu ersetzen, die er bereits 1936 vorzulegen beabsichtigte (vgl. Swedberg 1994, S. 380, Anm. 42). Mit Sicherheit arbeitete Schumpeter seit Anfang der 1940er-Jahre und besonders intensiv nach dem Zweiten Weltkrieg bis zu seinem Tod an seinem nun „History of Economic Analysis" genannten Vorhaben. Zwar blieb das anspruchsvolle, 1954 posthum nach dem Manuskript herausgegebene Werk ein Fragment, es wird jedoch angenommen, dass das dem Fortschritt der wirtschaftswissenschaftlichen Erkenntnisarbeit nachspürende, rund 1200 Seiten umfassende Opus nicht mehr allzu weit von der Fertigstellung entfernt war. Im Zuge der Schwerpunktsetzung auf die Geschichte des analytischen Denkens im Gegensatz zur Geschichte der ökonomischen Ideen bzw. der ökonomischen Schulen kommt es im Vergleich zum Vorgängerwerk zu einigen nicht chronologischen Anordnungen und nicht uninteressanten Umgewichtungen, die sich schon beginnend in der geänderten Wertschätzung der Leistungen von Platon und Aristoteles widerspiegeln. Im Vorwort zur deutschsprachigen Ausgabe schreibt Fritz Karl Mann, die „Geschichte der ökonomischen Analyse" bilde die Krönung von Schumpeters wissenschaftlichem Werk: „Sie trägt mehr als seine übrigen Schriften eine starke persönliche Note [...] Daß sich der Abschluß des Manuskripts von Jahr zu Jahr verzögerte, war ihm schmerzlich; aber er war überzeugt, sein Bestes gegeben zu haben." (1965, S. V)

1948 wurde Schumpeter zum Präsidenten der American Economic Association gewählt, 1949 zum ersten Präsidenten der neu gegründeten International Economic Association. In einem Ende Dezember 1949 vor der erstgenannten Vereinigung gehaltenen Vortrag mit dem Titel „The March into Socialism" zeigte sich Schumpeter besorgt darüber, dass die USA im Zuge des Übergangs der wirtschaftlichen Lebensfürsorge aus dem Privaten in den öffentlichen Bereich allmählich sozialistisch würden (vgl. 1993, S. 509 ff.). Knapp zwei Wochen nach dieser Rede starb Schumpeter in der Nacht vom 7. auf den 8. Januar 1950 66-jährig in Taconic an einem Gehirnschlag.

13.3 Statisch und dynamisch versus stationär und evolutorisch

Bereits in Schumpeters 1908 erschienener Habilitationsschrift „Das Wesen und der Hauptinhalt der theoretischen Nationalökonomie" wurde die Unterscheidung von Statik und Dynamik thematisiert. Schumpeter vergleicht die Statik mit einer „Momentaufnahme", deren Zweck es sei, „uns einen Zustand der Ruhe vor Augen zu stellen" (S. 117).

Was unter einer dynamischen Analyse zu verstehen ist, blieb in Schumpeters Frühwerk jedoch mehr oder weniger offen. Auch die Unterschiede zwischen statisch und stationär, zwischen dynamisch und nicht stationär bzw. evolutorisch spielten anfangs keine Rolle, da die Begriffe synonym verwendet wurden.

Erst im Vorwort zur japanischen Ausgabe der „Theorie der wirtschaftlichen Entwicklung" 1937 – Ragnar Frisch hatte 1929 eine Klärung herbeigeführt – wird klar zwischen **Statik und Dynamik als Formen der theoretischen Analyse** einerseits und **stationärem bzw. nicht stationärem Wirtschaftsprozess** andererseits unterschieden:

> Als ich [...] in meinen Anfängen Walras' Konzeption und Walras' Technik studierte [...] entdeckte ich, dass sie nicht nur streng statisch in ihrem Charakter [...], sondern auch ausschließlich auf einen stationären Prozess anwendbar ist. Diese beiden Dinge dürfen nicht verwechselt werden. Eine statische Theorie ist nichts anderes als eine Aussage über die Bedingungen des Gleichgewichts und über den Weg, in dem das Gleichgewicht sich nach jeder kleinen Störung wiederherzustellen tendiert. [...] Ein stationärer Prozess hingegen ist ein Prozess, der sich tatsächlich nicht aus eigenem Antrieb verwandelt, sondern nur konstante Raten des Realeinkommens im Zeitablauf reproduziert. Wenn er sich überhaupt verändert, so tut er dies unter dem Einfluss von Begebenheiten, die außer ihm selbst liegen, wie z. B. Naturkatastrophen, Kriegen usw. (Schumpeter 1997, S. XXII f.)

Wir sind heute gewohnt, dass bei **statischen** Verfahren die Zeit nicht berücksichtigt wird, sich die als veränderlich gedachten Größen also auf denselben Zeitpunkt oder denselben Zeitraum beziehen. Umgekehrt müssen in der **dynamischen** Theorie alle Variablen mit einem Zeitindex versehen werden. Zum anderen sagen wir, „das Erscheinungsbild eines wirtschaftlichen Ablaufs sei **stationär**, wenn die relevanten Variablen im Zeitablauf konstant sind. Das Erscheinungsbild eines wirtschaftlichen Ablaufs ist dagegen **nicht-stationär** oder **evolutorisch**, wenn die relevanten Variablen im Zeitablauf nicht konstant sind" (Schneider 1959, S. 23, Hervorh. d. Verf.).

13.4 Das Modell der wirtschaftlichen Entwicklung

Tatsächlich war es Schumpeter, der mit der Umsetzung der Idee des Evolutorischen in ein dynamisches Konzept „ein neues Paradigma (entwarf), [...] dessen fundamentale Bedeutung erst heute richtig erkannt wird" (Recktenwald 1988, S. 7).

Ausgangspunkt für Schumpeters Überlegungen ist die als „Tatsache der steten Veränderung historischer Zustände" verstandene Erscheinung. „Diese Veränderungen absolvieren weder einen Kreislauf, der sich etwa immer wiederholte, noch sind sie Pendelbewegungen um ein Zentrum" (1997, S. 89). Letztlich gehe es um die Frage, „wie das wirtschaftliche System die Kraft erzeugt, die es unaufhörlich verwandelt" (1997, S. XXII), zumal Schumpeter überzeugt war, „dass innerhalb des wirtschaftlichen Systems eine Energiequelle besteht, die aus sich selbst heraus jedes Gleichgewicht stören würde. das erreicht werden könnte" (1997, S. XXIII). Dabei verweist er ausdrücklich auf die „Vision der ökonomischen Evolution als eines besonderen durch das ökonomische System selbst erzeugten Prozesses" bei Karl Marx (1997, S. XXIII).

Unter **definitionsmäßigem Ausschluss von exogenen Faktoren** sieht Schumpeter **die endogene Ursache der wirtschaftlichen Entwicklung von der Angebotsseite her induziert**: „Diese spontanen und diskontinuierlichen Veränderungen der Bahnen des Kreislaufes und Verschiebungen des Gleichgewichtszentrums treten in der Sphäre des industriellen und kommerziellen Lebens auf. Nicht in der Sphäre des Bedarfslebens der Konsumenten der Endprodukte" (1997, S. 99). Zwar werden von der Nachfrageseite via Bedürfnisartikulation herrührende Initiativen nicht generell geleugnet, allerdings ist Schumpeter der Auffassung, „dass neue Bedürfnisse den Konsumenten von der Produktionsseite her anerzogen werden" (1997, S. 100).

Wenn nun Produktion als Kombination von Produktionsfaktoren interpretiert wird, geht es Schumpeter bei der wirtschaftlichen Entwicklung um die **Durchsetzung neuer Kombinationen**. Es werden fünf Fälle für diskontinuierlich auftretende neue Kombinationen genannt (vgl. 1997, S. 100 f.):
- Herstellung eines neuen oder eines qualitativ neuen Gutes (= Produktinnovation)
- Einführung einer neuen Produktionsmethode (= Prozessinnovation)
- Erschließung eines neuen Absatzmarkts
- Erschließung einer neuen Bezugsquelle
- Aufbau einer neuen Organisation, z. B. einer Großunternehmung oder eines Trusts

Träger des jenseits einer Eigentumszuordnung wirkenden „Veränderungsmechanismus" sind die mit der Realisierung neuer Kombinationen identifizierten, aber keineswegs als Klasse aufgefassten Unternehmer. Damit zählen also nicht generell alle selbstständigen Gewerbetreibenden dazu, sondern nur die **Durchsetzer neuer Kombinationen**, aber auch alle um diese Aufgabe bemühten Manager – selbst in sozialistischen Betrieben.

Bleibt hinzuzufügen, dass das Ausbrechen aus dem stationären Gleichgewicht, in dem die Preise gleich den Kosten sind, mittels Kreditgewährung bzw. Kreditschöpfung erfolgt. Der einen Gewinn realisierende **Pionierunternehmer**, der **Innovator**, hat aber auch für Imitatoren „die Bahn gebrochen und eine Vorlage geschaffen, die sie kopieren können. Sie können und werden ihm folgen, zunächst einzelne, dann ganze Haufen" (1997, S. 213). Erst im sechsten und letzten Kapitel seiner „Theorie der wirtschaftlichen Entwicklung" leitet Schumpeter zum Zyklus der Konjunktur über und benennt als Ursache der wirtschaftlichen Wellenbewegungen dieses „scharenweise" Auftreten von Imitatoren, die dafür sorgen, dass die Pioniergewinne allmählich abschmelzen.

Das Konzept der wirtschaftlichen Entwicklung wurde in den 1939 erschienenen „Business Cycles" weiter ausdifferenziert, wobei Schumpeter Innovation als die „Aufstellung einer neuen Produktionsfunktion" definiert (1961, S. 95). Er hebt hervor, dass Innovationen nicht isolierte Ereignisse bleiben und stoßweise bzw. geballt auftreten,

und er ergänzt, „dass die Entwicklung von Natur aus schief, diskontinuierlich, un-
harmonisch ist", das heißt, „dass Entwicklung eine Störung vorhandener Strukturen
ist" (1961, S. 110). Als Beispiele für Basisinnovationen mit langfristigen Auswirkungen
nennt Schumpeter Dampf, Stahl, Elektrizität, Chemie und Motor, wobei die beiden
zuerst genannten Bereiche (Eisenbahn!) dem zweiten (1842–1897) und die übrigen
dem ab 1898 einsetzenden dritten Kondratieff-Zyklus zugeordnet werden. Gleichzeitig wird die Überlagerung der kurz-, mittel- und langfristigen Wellen herausgearbeitet
(1961, S. 171 ff.).

Erneut befasste sich Schumpeter 1942 in „Capitalism, Socialism and Democracy"
mit der – durch die **industrielle Großunternehmung** nun in einem etwas anderen
Licht erscheinende – Unternehmerfunktion. Der „Träger des Veränderungsmechanismus" war ursprünglich die schöpferische Persönlichkeit des Innovators, die sich
anschickte, den letztlich immer vorhandenen Widerstand gegenüber dem Neuen
zu brechen. Diese „Führerfunktion" wurde immer professioneller von den großen
Unternehmen übernommen.

Als **Schumpeter'sche Hypothese** gilt seine Ansicht, Innovationen würden gerade durch die monopolistische Praxis der Konzerne gefördert und große Unternehmungen seien generell innovativer, zumal ihnen bessere Finanzierungsmöglichkei-
ten, hochqualifizierte Mitarbeiter und größere Sicherheiten bei langfristigen Investitionen zur Verfügung stünden. Schon in den „Business Cycles" gelangte Schumpeter
zu der Feststellung, dass sich letztlich die institutionelle Struktur des Kapitalismus
verändere. Schumpeter glaubt nicht, dass der Kapitalismus aus ökonomischen Grün-
den in Schwierigkeiten geraten wird, vielmehr ist „die kapitalistische Wirklichkeit [...]
in erster und letzter Linie ein Prozess dauernder Veränderung" (1993, S. 128, Anm. 5).
Es handelt sich um einen Prozess, „der unaufhörlich die Wirtschaftsstruktur von in-
nen heraus revolutioniert, unaufhörlich die alte Struktur zerstört und unaufhörlich
eine neue schafft. Dieser Prozess der ‚schöpferischen Zerstörung' ist das für den Kapitalismus wesentliche Faktum" (1993, S. 137 f.).

13.5 Essentials einer evolutorischen Ökonomik

Sucht man nach allgemein oder doch weithin akzeptierten evolutorischen Theorie-
strängen, wird man unweigerlich auf die auf Schumpeter basierenden Arbeiten von
Nelson und Winter, insbesondere auf das 1982 erschienene und zugleich richtungs-
weisende Buch „An Evolutionary Theory of Economic Change", stoßen. Die fast schon
zu einem Standardwerk gewordene Publikation strebt, unter Verwendung von Simu-
lationsmodellen, eine Verknüpfung der Schumpeter'schen Wettbewerbsprozesse mit
der behavioristischen Theorie des Organisationsverhaltens an. Nelson und Winter gehen davon aus, dass Entscheidungen nur mit einer **beschränkten Rationalität** ge-
troffen werden und betrachten das Verhalten der Organisationseinheiten von Firmen
eher als *routine-guided processes*. Anklänge an Darwin werden hörbar, wenn es heißt,

dass erfolgreiche Routinen praktizierende Firmen bzw. deren Organisationseinheiten überleben, wiederum in Analogie zu Schumpeter folgen Imitationen solcher Routinen etc. Zum anderen sind es – neben einer durchaus beachtlichen Zahl weiterer Beiträge unterschiedlicher Provenienz (siehe im Einzelnen Witt 1990, S. 10 ff.) – die evolutorischen Einlassungen aus dem austroamerikanischen (Hayek, Kirzner, L. M. Lachmann) und dem subjektivistischen Lager (Shackle), welche weiterführende Perspektiven eröffneten.

In Anknüpfung an Marshalls Aussage, „biological conceptions are more complex than those of mechanics" (1890, S. XIV), darf auf die Dichotomie der Traditionsstränge „Anorganisch – Mechanistisch – Physikalisch" und „Organisch – Vitalistisch – Biologisch" hingewiesen werden. Georgescu-Roegen, der im Kreislaufmodell die „Erbsünde der modernen Nationalökonomie" erblickt, unterschied 1974 eine mathematisch-imaginative, eine mechanisch-deskriptive und eine analytisch-physiologische Betrachtungsweise.

- Bei der **mathematisch-imaginativen Betrachtungsweise** werden rein mathematische Probleme zugeordnet, welche von Annahmen ausgehen, die keine operationale Bedeutung für sich in Anspruch nehmen können.
- Die **mechanisch-deskriptive Betrachtungsweise** ist eine an der Vorgehensweise der Mechanik orientierte, auf reversible Prozesse ausgerichtete Methode (neoklassische „Anpassungsökonomik").
- Die **analytisch-physiologische Betrachtungsweise** schließlich sieht in erster Linie auf den mit realen Prozessen einhergehenden qualitativen Wandel. „Der wichtigste Aspekt qualitativen Wandels betrifft das ständige Entstehen von etwas Neuem, das nicht voraussagbar ist in dem Sinn, dass es sich um ein einmaliges historisches Ereignis handelt. Irreversibilität und ,Neuheit' ökonomischer Prozesse lassen sich in dynamischen mathematischen Modellen nicht erfassen" (Böhm 1987, S. 22).

Es geht um **offene Systeme**, weil die Realisierung von Neuem eben unvorhersehbar ist, um **ungleichgewichtig verlaufende dynamische Prozesse** und um die **Eigendynamik wirtschaftlicher Entwicklungen**, d. h. um Kräfte, die der Wirtschaftsprozess selbst freisetzt. Kennzeichen der wirtschaftlichen Entwicklung sind **Spontaneität** (Selbstorganisationsprozesse) und **Diskontinuität** (Entwicklungsschübe). Gerade die Schubartigkeit der Veränderung markiert den evolutorischen im Gegensatz zum evolutionären, zum eher bruchlosen Wandel. Außerdem versucht die evolutorische Theorie zu erklären, „wie es zu Neuerungen in den untersuchten Entwicklungen kommt und welche allgemeinen Einflüsse sie haben, das heißt, sie formuliert Hypothesen über das zeitliche Verhalten von Systemen, in denen Neuerungen auftreten und sich ausbreiten" (Witt 1987, S. 9).

13.6 Literatur

Arndt, H.: Die Evolutorische Wirtschaftstheorie in ihrer Bedeutung für die Wirtschafts- und Finanz-
    politik. Berlin 1992.
Böhm, S.: Einleitung zu Joseph Alois Schumpeter. Beiträge zur Sozialökonomik. Wien/Köln/Graz
    1987. S. 13–28.
Boulding, K. E.: Evolutionary Economics. London 1981.
Georgescu-Roegen, N.: Dynamic Models and Economic Growth (1974). In: Georgescu-Roegen, N.:
    Energy and Economic Myths. Institutional and Analytical Economic Essays. New York 1976,
    S. 235–253.
Marshall, A.: Principles of Economics. Vol. I. London 1890.
Nelson R. R./Winter, S. G.: Evolutionary Theory of Economic Change. Cambridge (Mass.)/London
    1982.
Recktenwald, H. C.: Geleitwort des Editors. In: Recktenwald, H. C. et al.: Schumpeters monumentales
    Werk – Wegweiser für eine dynamische Analyse. Düsseldorf 1988, S. 5–7.
Schneider, E.: Statik und Dynamik. In: HdSW, Band 10 (1959), S. 23–29.
Schumpeter, J. A.: Das Wesen und der Hauptinhalt der theoretischen Nationalökonomie. Leipzig
    1908.
Schumpeter, J. A.: Theorie der wirtschaftlichen Entwicklung. Leipzig 1912 (tatsächliches Erschei-
    nungsjahr 1911). (Theorie der wirtschaftlichen Entwicklung. Eine Untersuchung über Unter-
    nehmergewinn, Kapital, Kredit, Zins und den Konjunkturzyklus. Berlin 1997.)
Schumpeter, J. A.: Business Cycles. A Theoretical, Historical, and Statistical Analysis of the Capitalist
    Process. New York/London 1939. (Konjunkturzyklen. Göttingen 1961.)
Schumpeter, J. A.: Capitalism, Socialism and Democracy. New York 1942. (Kapitalismus, Sozialismus
    und Demokratie. Tübingen/Basel 1993.)
Witt, U.: Warum evolutorische Ökonomik? In: Witt, U. (Hrsg.): Studien zur Evolutorischen Ökono-
    mik I. Schriften des Vereins für Socialpolitik, Band 195/1. Berlin 1990, S. 9–17.

14 Volkswirtschaftslehre als Kulturtheorie

– In Memoriam Georg Weippert –

Bei diesem Thema erscheint es geradezu unverzichtbar, ein paar Bemerkungen zum Standort der Volkswirtschaftslehre im System der Wissenschaft vorauszuschicken.

Es hängt zweifelsohne mit der unterschiedlichen Herkunft der Begründer der Volkswirtschaftslehre zusammen beziehungsweise mit der Ableitung aus bestimmten wissenschaftlichen Disziplinen, dass die Nationalökonomie von Anfang an eine ambivalente Stellung zwischen den Geistes- und den Naturwissenschaften einnimmt. Nur schlaglichtartig mag daran erinnert werden, dass Adam Smith Professor für Moralphilosophie war, während François Quesnay als Arzt arbeitete.

Nicht unwichtig ist, dass die Zugehörigkeit zu den Geisteswissenschaften sowohl vom Erkenntnisobjekt – gesehen als eine Mensch-Sache-Beziehung – als auch von den Methoden her begründet wird. Besondere Bedeutung erlangte dabei die von Dilthey herausgestellte verstehende Methode, welche das geschichtliche Denken in der Volkswirtschaftslehre – insbesondere im Rahmen der Ende der 1920er-Jahre entstandenen sogenannten „anschaulichen" Theorie der historisch-soziologischen Schule – entscheidend geprägt hat.

Die Nähe zu den Naturwissenschaften wird dagegen deutlich, sobald das Erklären von Kausalzusammenhängen, d. h. der Wirkungszusammenhang innerhalb bestimmter Daten, in den Mittelpunkt der Betrachtung rückt. Hier geht es dann um eine nomothetische Methode, um Konditionalaussagen, um Wenn-dann-Hypothesen mit dem Ziel der Herausarbeitung allgemeingültiger Gesetze.

John Stuart Mill unternahm bekanntlich den Versuch, die auf alte ontologische Denkformen zurückgehende Entgegensetzung von Natur und Geist durch eine methodologisch begründete relative Eigenständigkeit des Sozialen zu modifizieren, um so – mithilfe einer Methodenkombination – die Sozialwissenschaft zu konstituieren. Kaum nötig, darauf hinzuweisen, dass Mill die Politische Ökonomie (so der insbesondere in der Klassischen Schule gängige Terminus für Nationalökonomie) als Sozialwissenschaft begriff.

Erst im Anschluss an Rickert, der zu Beginn des 20. Jahrhunderts den ja nicht unumstrittenen Geistbegriff zu dem der Kultur erweiterte – er verstand darunter „alle solchen Realitäten, die wegen ihrer Wertbezogenheit einen für uns verständlichen Sinn besitzen" (Rickert 1913, S. 518.), setzte sich im System der Wissenschaften immer mehr der Terminus Kulturwissenschaften durch. Während die Sozialwissenschaften vom Menschen als solchem handeln, befassen sich die Kulturwissenschaften mit den

Erstdruck in: Jahrbuch für Philosophie des Forschungsinstituts für Philosophie Hannover, Band 5 (1994), Wien 1993, S. 181–197.

DOI 10.1515/9783110530476-017

Werken des Menschen. Es ist unverkennbar, dass bei der Wirtschaftswissenschaft zumindest gewisse Affinitäten zu den Kulturwissenschaften vorhanden sind.

14.1 Was meint Volkswirtschaftslehre als Kulturtheorie?

Zunächst: Wir stellen selbstverständlich nicht ab auf die Differenzierung zwischen Kultur und Zivilisation im Sinne einer Zuordnung zu einem eher geistig-künstlerischen und zugleich zweckfreien Bereich einerseits und einem materiell-technischen, eben zweckhaften Gebiet andererseits. Es geht uns nicht um die innerliche Welt der Erkenntnis, um das moralisch Gute, um das ästhetische Empfinden: Wohl aber um gemeinsame Einstellungen, Lebensstile, Verhaltensweisen, Wertmaßstäbe, Leitvorstellungen und zugleich um einen kollektiven Sinnzusammenhang. Mit Bezugnahme auf C. P. Snow, der die zwei Kulturen der literarischen und der naturwissenschaftlichen Intelligenz herausstellt, welche sich nach seinen Beobachtungen freilich wie zwei einander (art)fremde Völker gegenüberstehen, kommt es uns auf die ganzheitliche Betrachtung von Wirtschaft an, unter Einschluss der drei Sombart'schen Grundbestandteile der Wirtschaft, nämlich Geist (Wirtschaftsgesinnung), Ordnung (Form) und Technik (vgl. Sombart 1925).[2]

Dies vor dem Hintergrund der Tatsache, dass durch die rigorose Eingrenzung des Erkenntnisobjekts einer Wissenschaft aus dem umfassenderen Erfahrungsobjekt die Wirtschaftswissenschaft zwar auf ihren ökonomischen Kern reduziert, zugleich aber auch von den außerökonomischen, jedoch ökonomisch relevanten Bezügen abgeschnitten wird. Gilt als Erfahrungsobjekt der Wirtschaftswissenschaft die soziale Wirklichkeit, in der gewirtschaftet wird („Das Erfahrungsobjekt der Wirtschaftswissenschaft ist [...] die gesamte Kulturwelt des Menschen, in die das besondere ökonomische Geschehen eingebettet ist." (Kosiol 1961, S. 130), so ist natürlich unverkennbar, dass sich mit diesem Erfahrungsobjekt auch andere Wissenschaften – zumindest in Teilbereichen – beschäftigen, z. B. die Soziologie, die Psychologie, die Politologie, die Rechtswissenschaft usw. Deshalb wird das durch fließende Grenzen gekennzeichnete Erfahrungsobjekt mithilfe des Identitätskriteriums Knappheit der Mittel (im Verhältnis zu den prinzipiell als unbegrenzt angesehenen Bedürfnissen) auf das rein Ökonomische eingegrenzt. Wirtschaft erscheint dann – um eine Aussage von Weddigen aufzugreifen – „als das auf Mittelbeschaffung gerichtete menschliche Handeln, das dabei den außerwirtschaftlichen Bereichen des menschlichen Handelns

---

2 Sombart geht es bei diesen drei ökonomischen Grundbestandteilen um eine Gestaltidee des Wirtschaftssystems, wobei er unter einem Wirtschaftssystem eine als „sinnvolle Einheit" erscheinende Wirtschaftsweise versteht, bei welcher die genannten Grundbestandteile jeweils eine bestimmte Gestaltung aufweisen: d. h., „es ist die als geistige Einheit gedachte Wirtschaftsweise, die (1.) von einem bestimmten Geiste beherrscht; (2.) eine bestimmte Ordnung und Organisation hat und (3.) eine bestimmte Technik anwendet" (Sombart 1925, S. 14).

gegenüber[tritt]" (Weddigen 1948, S. 9). Bei Röpke heißt es: „Wirtschaften ist nichts anderes als die fortgesetzte Wahl zwischen verschiedenen Möglichkeiten und die Nationalökonomie im Grunde nichts anderes als die Lehre von den Alternativen" (Röpke 1965, S. 32, im Original hervorgehoben). Samuelson stellt fest:

> Die Wirtschaftswissenschaft beschäftigt sich mit den Entscheidungen, die die Mitglieder einer Gesellschaft hinsichtlich der Verwendung knapper Ressourcen mit alternativer Verwendbarkeit treffen, wie sie diese zum Zwecke der Produktion verschiedener Güter einsetzen und sie für den gegenwärtigen oder zukünftigen Konsum unter die einzelnen Wirtschaftssubjekte oder Gesellschaftsgruppen verteilen.
> (Samuelson/Nordhaus 1987, S. 29, im Original hervorgehoben)

All diese Formulierungen sind letztlich Varianten der bereits 1932 von Robbins vorgelegten und mittlerweile zur Tradition gewordenen Definition für Wirtschaftswissenschaft: „Economics is the science which studies human behaviour as a relationship between ends and scare means which have alternative uses." (Robbins 1932, S. 15)

Auf diese Weise wird Wirtschaftslehre verkürzt auf eine Lehre von zu bewertenden Alternativen, auf eine Lehre vom Knappheitsmanagement. Demgegenüber betonen Wissenschaftler, die sich zum Zwecke der Erfassung des realen Wirtschaftslebens nicht auf das rein Ökonomische beschränken wollen, die Notwendigkeit der Berücksichtigung anthropologischer, psychologischer, soziologischer, technologischer, kultureller Aspekte für die Theoriebildung. Dass die Verfechter dieser Richtung aus durchaus unterschiedlichen wissenschaftstheoretischen Lagern kommen, sei nur beiläufig angedeutet. Hervorzuheben ist hier jedoch die hermeneutische Position mit ihrer Erkenntnisweise des Verstehens und zugleich mit ihrem Bemühen um „Gesamterkenntnis". Hermeneutik meint hier weniger die philologische Interpretation von Texten, sie zielt vielmehr auf die Auslegung und Sinndeutung der Lebenswirklichkeit, der Wirtschaftswirklichkeit. So formulierte v. Beckerath im Anschluss an Dilthey:

> „Verstehen" im Sinne einer Methode bezieht sich auf Vorgänge, bei denen eine enge Verbundenheit zwischen Subjekt und Objekt des Erkennens vorliegt; in ihrer höchsten Form gilt das vom Handeln des Menschen selber und von seinen sich in Geschichte und Kultur entfaltenden und ausprägenden Objektivationen, welche dem Forscher einen doppelten Zugang gewähren: der Beobachtung „von außen" […] und des „inneren" Verständnisses.
> (v. Beckerath 1965, S. 300)

Damit wird zugleich auf den Unterschied zwischen „Naturerkennen" und „Kulturerkennen" abgehoben, wobei nur bei Letzterem ein als „Sinnerfassen" zu interpretierendes Verstehen möglich ist.

Ein Wissenschaftler, der sicher nicht zu Unrecht als der herausragende deutsche Wirtschaftsontologe um die Mitte des 20. Jahrhunderts zu gelten hat und der sich um die Herausarbeitung einer verstehenden Volkswirtschaftslehre besonders bemüht hat, ist der 1965 verstorbene Erlanger Nationalökonom und Soziologe Georg Weippert. Wenn ich diesen Beitrag mit „Volkswirtschaftslehre als Kulturtheorie" überschrieben habe, dann geschah dies in Anlehnung an die 1967 posthum erschienene Weippert'sche Aufsatzsammlung zur Wissenschaftslehre, Band II: Wirtschaftslehre als Kulturtheorie. War es doch Georg Weippert, der sich vehement dagegen wehrte, dass das sogenannte „Außerökonomische" (aber eben ökonomisch Relevante) in den Datenkranz der Theorie abgeschoben wird (vgl. dazu auch Koslowski 1991),[3] der sich gegen die Verengung des Wissenschaftsbegriffs auf die äußere Erfahrung stemmte und der davon ausging, dass im Sein zugleich auch das Sollen mitenthalten ist.

Georg Weippert (1899–1965)

Georg Weippert wurde am 10. Februar 1899 in München geboren. Seine Eltern kamen aus dem Fränkischen, aus Hammelburg, der ältesten fränkischen Weinstadt. Studiert hatte Weippert an der Technischen Hochschule in München, hatte dort 1930 promoviert zum Doktor der Technischen Wissenschaften mit einer Dissertation über „Das Prinzip der Hierarchie in der Gesellschaftslehre von Platon bis zur Gegenwart", ein Jahr später hat er sich an der Technischen Hochschule habilitiert, und zwar für Soziologie.

Im Alter von 27 Jahren wurde er in Wien auf einer Tagung des Vereins für Socialpolitik von einer schweren spinalen Lähmung befallen, einer Erkrankung, die ihn sein ganzes Leben lang physisch behinderte, der er aber größte Energie entgegensetzte.

Weipperts frühe Hinwendung zur Soziologie war „eine Neigung, die er mit manchem Meister gerade des wirtschaftswissenschaftlichen Bereichs wie John Stuart Mill, Vilfredo Pareto, Max Weber und Werner Sombart teilte" (Clausing 1966 S. 1). „Die Bildung sozialer Gruppen" (1950), „Zur Soziologie der Jugend" (1951), „Zur Soziologie des Landvolks" (1950/51) und mehrere Artikel im Handwörterbuch der Sozialwissenschaften (Hrsg. v. Beckerath et al. 1956): „Gruppe", „Verstehende Soziologie" und „Öffentliche Meinung" sind nur einige wenige Beispiele für diesbezügliche Beiträge. Geplant war auch ein Werk über Allgemeine Soziologie; es war schon weit gediehen und sollte in der Reihe „Grundriss der Sozialwissenschaft" bei Vandenhoeck & Ruprecht in Göttingen erscheinen.

Von 1937 bis zur Schließung 1945 war Weippert planmäßiger Extraordinarius für Volkswirtschaftslehre an der Rechts- und Staatswissenschaftlichen Fakultät der Universität Königsberg. Da er bei der NSDAP Persona non grata war, wurden mehrere Anträge der Königsberger Fakultät der Beförderung zum Ordinarius negativ beschieden, und zwar wegen angeblicher konfessioneller Bindung, ihm wurden katholisierende Tendenzen bzw. Formulierungen vorgeworfen. Erst in den letzten Kriegstagen verließ Weippert mit seiner Frau, die er in Ostpreußen kennengelernt hatte, vor den heranrückenden Sowjettruppen Königsberg gen Westen und fand zunächst eine Bleibe im elterlichen Anwesen im fränkischen Hammelburg.

An der Universität Göttingen wurde Weippert dann vertretungsweise ein volkswirtschaftliches Ordinariat übertragen. 1947 wurde er auf einen Lehrstuhl für Volkswirtschaft, Finanzwissenschaft und Statistik an die Universität Erlangen berufen. Nach der Fusion der Wirtschaftshochschule Nürnberg mit der Universität Erlangen Ende der 1950er-Jahre blieb Weippert als Ordinarius für Soziologie und Volkswirtschaftslehre Mitglied der Philosophischen Fakultät in Erlangen. Später wurde er Gründungsmitglied und Mitglied des Vorstands des Forschungsinstituts für Genossenschaftswesen an

---

3 Koslowski stellt in Bezug auf die Bestrebungen der „reinen" ökonomischen Theorie, alle Fragen nach den kulturellen und ethischen Bestimmungsfaktoren der am Markt wirksam werdenden Präferenzen in den institutionellen Rahmen zu verweisen, treffend fest, „daß am Ende der Rahmen interessanter ist als das Bild des Marktes, das er umgibt" (Koslowski 1991, S. 71).

Abb. 19: Georg Weippert (1899–1965)

der Universität Erlangen-Nürnberg. Er war auch Mitherausgeber der „Zeitschrift für das gesamte Genossenschaftswesen". Zugleich war er Mitvorstand des Staatswissenschaftlichen Seminars der Universität Erlangen-Nürnberg.

Trotz schwerster physischer Beeinträchtigung ging Weippert gerne auf Reisen. So unternahm er Forschungsreisen unter anderem nach Schweden und Finnland. Seine letzte private Reise unternahm er nach längerer Erkrankung mit seiner Frau durch Italien bis nach Sizilien. Die damit verbundene Anstrengung könnte dazu beigetragen haben, dass er nach Rückkehr nach Erlangen am 13. 7. 1965 dort im Alter von 66 Jahren für immer die Augen schloss. Seine letzte Ruhestätte fand er auf dem Altstädter Friedhof in Erlangen. Wir schließen diese Kurzbiografie mit einer auszugsweisen Würdigung, die Andreas Predöhl anlässlich des 65. Geburtstags von Weippert schrieb: „Georg Weippert ist einer der wenigen Gelehrten unseres Faches, deren Bildung heute noch ausreicht, im Stile Max Webers zu denken, zu forschen und zu schreiben. Er hat eine unverkennbare Art, ein Objekt umständlich von allen Seiten zu betrachten und zu durchdringen. […] Er mahnt uns, der großen Tradition unserer Wissenschaft zu gedenken, ohne die Fühlung mit der modernen Wissenschaft zu verlieren. Seine philosophische Tiefe verbindet sich mit einem leidenschaftlichen Interesse für das Allerweltsgeschehen." (zit. nach Clausing 1966, S. 6)

14.2 Zur Geschichte der kulturtheoretischen Betrachtung der Wirtschaft

Die Geschichte der kulturtheoretischen Betrachtung der Wirtschaft reicht – zumindest wenn wir frühesten Spuren nachgehen – über das Mittelalter bis in die Antike zurück. Da Ökonomik im älteren Sinn sich ursprünglich auf das Führen eines *oikos* (= eines Hauses, eines Haushalt) und auf die als zugehörig empfundene Landwirtschaft bezog,

lässt sich, etwas vereinfacht ausgedrückt, ihr Gegenstand am ehesten als eine auf Bedarfsdeckung ausgerichtete Haushalts-, Familien- oder Gutswirtschaft kennzeichnen.
Der Gehalt dieser Ökonomik an wirtschaftstheoretischen Erkenntnissen ist allerdings
verhältnismäßig gering, denn wirtschaftlich bedeutete in dieser („Meta-“)Ökonomik
in erster Linie natürlich, zweckmäßig, eben haushälterisch, keinesfalls aber rentabel
bzw. gewinnbringend. Tatsächlich blieb diese meta-ökonomische Konzeption in ihren
Grundzügen bis ins 17. Jahrhundert für das europäische Denken gültig.

Die eigentlichen Anfänge einer kulturtheoretischen Betrachtung sind freilich erst
in Verbindung mit der Herausbildung des geschichtlichen Denkens in der Volkswirtschaftslehre zu sehen. Dieses geschichtliche Denken, „dessen Wesen in der
Zusammenschau der einzelnen Gebiete menschlichen Zusammenschau der einzelnen Gebiete menschlichen Zusammenlebens zu erblicken ist" (Wendt 1968, S. 89),
entwickelte sich in Deutschland – als Entgegensetzung zur „instrumentalen" Betrachtungsweise der Klassiker – in der Romantik. Als Hauptvertreter der romantischen
Staats- und Wirtschaftswissenschaft gilt Adam Müller (1779–1829). Ein besonderer
Rang kommt zweifelsohne Friedrich List (1789–1846) zu, dem bedeutendsten Vorläufer der Historischen Schule. Von den Vertretern der älteren Historischen Schule
ist zuvorderst Karl Knies (1821–1989) zu nennen, von der jüngeren Gustav Schmoller
(1838–1917). Zu den bekanntesten Repräsentanten einer kulturtheoretischen Betrachtungsweise im 20. Jahrhundert gehören unter anderem Max Weber, Werner Sombart,
Friedrich v. Gottl-Ottlilienfeld, Othmar Spann, Arthur Spiethoff, Carl Brinkmann,
Oswald v. Nell-Breuning, Hans-Jürgen Seraphim, Erich Egner, Theodor Pütz, Hans
G. Schachtschnabel und – bereits genannt – Georg Weippert. Ihnen allen geht es „um
die Ausbildung einer Theorie, die sich der Geschichtlichkeit der Wirtschaft bewusst
ist, das Phänomen also betont als Kulturwirklichkeit begreift" (Weippert 1967, S. 111).

14.3 Zur Struktur einer kulturtheoretisch verstandenen Volkswirtschaftslehre

Wie hat man sich nun den Aufbau einer kulturtheoretisch verstandenen Volkswirtschaftslehre vorzustellen? Wie sieht ihre Struktur aus? Um dies gleich vorweg zu sagen: Die Erwartung, eine solche Wirtschaftslehre würde in Vollkommenheit bereits
vorliegen, muss enttäuscht werden. Was vorliegt, das sind wissenschaftlich wohlfun-
dierte richtungweisende Ansätze, methodologisch nicht immer unumstrittene Teil-
aspekte und eine ganze Reihe mehr oder weniger im Programmatischen steckenge-
bliebener Aussagen. Sie stehen in ihrer Gesamtheit in kritischer Distanz sowohl zur
liberalistisch-mechanischen Auffassung der Klassiker mit ihrer Absolutsetzung des
Marktes bzw. der Marktform der vollständigen Konkurrenz als auch gegenüber den oft
an der Realität vorbeikonstruierten mathematischen Modellen der Neoklassik.

Wenn mit Dilthey festgestellt werden kann, dass in jedem Kulturgebiet „gesonderte Leistungen" vollzogen werden – Dilthey bezeichnet die einzelnen Kultursysteme wie Kunst, Religion, Politik, Wirtschaft, Recht usw. als „Zwecksysteme" –, dann wird Wirtschaft auf eine spezifisch ökonomische „Leistung" bzw. auf die Verwirklichung eines spezifisch ökonomischen Zwecks innerhalb des menschlich-gesellschaftlichen Lebens zurückgeführt. Es geht – um den Heidegger'schen Terminus aufzugreifen – um die Erhellung der Welt des „Zuhandenen", also in Gegenüberstellung zur Welt des „Vorhandenen" als derjenigen der äußeren Natur.

> Soweit nun aber Wirtschaftslehre in einem spezifischen Sinne Kulturtheorie ist, hat sie sowohl in ihren Problemstellungen wie in ihren Methoden den Besonderheiten des Objektes „Kultur" Beachtung zu schenken. Es ist vor allem die Sinnhaltigkeit und Sinnhaftigkeit des Phänomens Kultur, die eine Methode erzwingt, die sich von den logischen Operationen, wie sie in der Instrumentaltheorie im Vordergrund stehen, scharf absetzt. Daß aber Kultur sinnhaltig ist und daß allem menschlichen, also kulturschaffenden Tun Sinnhaftigkeit zukommt, ist mit dem Geistsein des Menschen gegeben. Der Mensch als Geistwesen schafft in seinem Handeln Kultur. (Weippert 1967, S. 141)

14.3.1 Das Sachgebiet Wirtschaft als Fundament (Das Unwandelbare jeder Wirtschaft)

Als Fundament einer kulturtheoretischen Betrachtung der Wirtschaft wird eine ontologisch begründete Herausarbeitung eines Sachgebiets Wirtschaft angesehen; es wird gefragt nach einem überzeitlichen Wesen der Wirtschaft, nach Sachnotwendigkeiten jeder ökonomischen Betätigung. Dieses Bemühen um eine Theorie der zeitlosen Wirtschaft kommt nicht von ungefähr, denn all die oben genannten Repräsentanten einer verstehenden Nationalökonomie sind – in weitester Auslegung – der Nachfolge der Historischen Schule zuzurechnen. Suchte man in der ersten Phase der Historismus-Nachfolge vorzugsweise nach Typologien, um den wenig fruchtbaren Relativismus zu überwinden – ich erinnere vor allem an die gestalttheoretischen Ansätze, nämlich an die Sombart'sche Gestaltidee des Wirtschaftssystems, an die Wirtschaftsstilbetrachtung von Spiethoff und Müller-Armack und an die Wirtschaftlichen Grundgestalten von Seraphim (siehe im Einzelnen Kolb 2012, S. 108 ff.) –, so geht es in der zweiten Phase der volkswirtschaftlichen Historismus-Nachfolge um eine Art Vertiefung der Gedankengänge in Richtung auf grundlegende Erkenntnisse jenseits des historischen Wandels, um eine ontologische Fundierung, welche auf das überzeitliche Wesen der Erscheinungen abstellt, auf das Unwandelbare jeder Wirtschaft, das sie sozusagen konstituiert, das sie existenzfähig macht (vgl. Weippert 1953, S. 39 f. und Egner 1969, S. 416 f.). Weippert verweist darauf, dass sich schon an Sombarts Werk zeigen lässt, „wie die geschichtliche Theorie schließlich zu einer überhistorischen Theorie drängt und diese voraussetzt" (Weippert 1967, S. 111). Gottl bemüht sich – in seiner freilich „fast bis zur Unverständlichkeit sublimierten Sprache" (Max Weber) – um die Konturen einer „Ewigen Wirtschaft", um eine – wie er es nennt – „Grundlehre der Wirtschaft", um eine „Allwirtschaftslehre"; und auch Spiethoff hat seiner „geschichtlichen" Theorie eine „zeitlose" Theorie der Wirtschaft gegenübergestellt.

Was die Skepsis hinsichtlich der Möglichkeit einer zeitlosen Theorie angeht, wird gelegentlich argumentiert, es handle sich nicht mehr um eine Frage der Wirtschaftswissenschaft, sondern allenfalls um Wirtschaftsphilosophie. Gegenüber dieser Auffassung hat bereits Weippert eingeräumt, dass es sich zwar vertreten ließe, die Frage nach den konstitutiven Merkmalen des Sachgebiets Wirtschaft in die Philosophie abzudrängen. Da es sich jedoch die übrigen Kulturgebiete wie Recht, Politik, Dichtung, bildende Kunst usw. nicht entgehen ließen, die Frage nach dem Wesen ihres Gegenstands selbst zu stellen, würde sich „die Wirtschaftswissenschaft [...] einer wertvollen Erkenntnisquelle begeben, so sie auf die Beantwortung dieser Frage verzichtete" (Weippert 1967, S. 145).

Worin besteht nun das überzeitliche Sachgebiet des Ökonomischen? Gottl sieht das Wesen der Wirtschaft in der „Gestaltung menschlichen Zusammenlebens im Geiste dauernden Einklangs von Bedarf und Deckung" (v. Gottl-Ottilienfeld 1935, S. 38, im Original hervorgehoben). Der Bedarf und seine Deckung geben hier die Kriterien ab für die Zwecksetzung des Sachbereichs Wirtschaft. Sombart hebt demgegenüber ab auf „allgemein-ökonomische Kategorien", als da sind wirtschaftliches Gut, Produktion, Produktionsmittel, Produktivität, Wirtschaftsbetrieb, Ertrag, Einkommen usw. Die unterscheidet er von den „historisch-ökonomischen Kategorien" wie Markt, Geld, Börse, Rentabilität, Konjunktur, Preisstopp. Bei den allgemein-ökonomischen Kategorien handelt es sich um konstitutive Strukturelemente des Sachgebiets Wirtschaft, um „materiale Notwendigkeiten", um „Sachnotwendigkeiten", die immer vorhanden sein müssen, wenn der Zweck des Wirtschaftens erreicht werden soll (vgl. Sombart 1930, S. 247).

Frage nach der Seinsrichtigkeit

Nun behauptet Weippert, dass aufgrund eines solchen unwandelbaren „Seinsbereichs Wirtschaft", aufgrund des ideellen Seins, aufgrund dieser „Idealwirklichkeit" in der Terminologie Nicolai Hartmanns, jede historische, konkrete Wirtschaft auf ihre Seinsrichtigkeit hin geprüft werden könne (vgl. Weippert 1967, S. 116). In seinem Beitrag „Zur Theorie der zeitlosen Wirtschaft" lesen wir: „Die Ontologie der Wirtschaft als Sachgebiet vermag die Ergebnisse aller ökonomischen Theorien auf ihre Seinsrichtigkeit zu überprüfen. Indem sie das tut, fällt sie ontologisch Urteile aus der Sicht des Sachgebietes Wirtschaft" (Weippert 1967, S. 221). Hinzu kommt, dass Weippert das ontologische Urteil über Sachrichtigkeit aufspaltet in ein auf das Sachgebiet bezogenes Urteil über Sachrichtigkeit und ein auf den Kulturbereich bezogenes Urteil über Daseinsrichtigkeit (vgl. Weippert 1967, S. 192 f.). Dass man in Weipperts Denken naturrechtsnahe Fundierungen ausmachen kann, ist unverkennbar; den Vorwurf aber, bei ihm werde an die Stelle beweisbarer Einsichten der „Glaube als Erkenntnisprinzip"

(v. Zwiedineck-Südenhorst 1944, S. 67, im Original hervorgehoben) gesetzt, hat Weippert selbst überzeugend zurückgewiesen. „Eher schon" – so Weippert – „ließe sich – wenn auch verzerrend – von einer gemeinsamen Wurzel sprechen" (Weippert 1967, S. 190). Ich bekenne allerdings, dass ich in Bezug auf die Operationalisierbarkeit der oben genannten Urteile über die jeweilige „Richtigkeit" erhebliche Schwierigkeiten habe. Auch Egner, der den Weippert'schen Vorstoß auf eine Ontologie der Wirtschaft mit kritischer Sympathie nachzeichnet – fragt: „Wie und woran kann ich erkennen, ob die Wirtschaft, in der ich stehe, gegen Wesensnotwendigkeiten verstößt, etwa den Menschen oder die Lebenseinheiten wie Familie oder Volk nicht zur Erfüllung ihrer Bestimmung kommen läßt? In dieser Hinsicht bleibt man ohne nähere Unterweisung" (Egner 1969, S. 422).

Frage nach dem Menschen
Und noch ein Problem kommt hinzu: Obwohl in Weipperts wissenschaftlichem Werk der Frage nach dem Menschen ein sehr hoher Stellenwert eingeräumt wird – immer wieder mahnt er anthropologische Bemühungen als ein Kennzeichen unseres Faches an –, ist er der Auffassung, in der „reinen" Theorie des Sachgebiets Wirtschaft müsse vom Menschen abstrahiert werden, und deshalb könne z. B. auch Bedürfnis nicht als allgemein-ökonomische Kategorie – weil willens- und nicht zweckbezogen – anerkannt werden (und zwar im Gegensatz zum Bedarf; Bedürfnis wird bekanntlich definiert als Gefühl eines Mangels, verbunden mit dem Bestreben, diesen Mangel zu beseitigen, Bedarf ist dagegen, was technisch machbar ist und was finanziert werden kann). Während also nach Weipperts Auffassung der Mensch als konstitutives Element erst mit der Realwirklichkeit Wirtschaft erscheint (ich weiß, dass dieser Pleonasmus eine gewisse Zumutung beinhaltet), muss ich gestehen, dass ich dieser Ansicht nicht folgen kann. Nach meinem Dafürhalten ist Wirtschaft ohne den Menschen schlechthin undenkbar. Insofern sei der Einwand erlaubt, dass die Ontologie des Sachgebiets Wirtschaft mit ihrem Bestreben, allein auf die „sachnotwendigen" Strukturelemente abzustellen, hier doch wohl zu puristisch konstruiert wurde.

14.3.2 Die kulturtheoretische Betrachtung der Wirtschaft

Zur Erinnerung: Die Bestimmung des Sachgebiets Wirtschaft wird als das unverzichtbare Fundament einer kulturtheoretischen Betrachtung der Wirtschaft angesehen. Für eine als Kulturtheorie verstandene Volkswirtschaftslehre geht es nun darum, die sogenannten außerökonomischen, aber ökonomisch relevanten Faktoren als die konstitutiven Faktoren der Realwirklichkeit Wirtschaft einzubeziehen und eben nicht in den nicht weiter zu untersuchenden Datenkranz der Theorie abzuschieben. Demnach geht es bei der Kulturtheorie – zum Sachgebiet Wirtschaft hinzutretend – zusätzlich um die jeweilige raumzeitliche Einkleidung dieses (dann realisierten) Sachgebiets, eben um die Kulturwirklichkeit Wirtschaft.

Die Realisierungsfaktoren „Geist", „Ordnung" und „Technik"

Welches sind nun die konstitutiven Faktoren, die die Kulturwirklichkeit Wirtschaft ausmachen? Wir können uns hier wieder auf Sombart beziehen, der drei Realisierungsfaktoren des Sachgebiets Wirtschaft nennt, nämlich – wie bereits oben herausgestellt – Geist (Wirtschaftsgewinnung), Geordnetheit (Ordnung, Form) und Technik (vgl. im Folgenden Sombart 1925, S. 1 ff.).

Tatsächlich ist es erst die konkrete Wirtschaft, erst das realisierte Sachgebiet, welches „Geist" im Sinne einer bestimmten geistigen Haltung kennt, aus der heraus gewirtschaftet wird. Mit „Geist" meint Sombart die Wirtschaftsgesinnung, die einer Epoche das Gepräge gibt, etwa den Geist der Gotik, der Renaissance, des Kapitalismus, des Sozialismus. Sombart nennt als denkbare Gegensatzpaare zur Kennzeichnung der Wirtschaftsgesinnung Bedarfsdeckungsprinzip und Erwerbsprinzip, Traditionalismus und Rationalismus, Solidarismus und Individualismus. Etwas konkreter könnte man vielleicht fragen – und tatsächlich kommt diesem Tatbestand im gegenwärtigen Transformationsprozess der ehemaligen Zentralplanwirtschaften in marktwirtschaftlichen Ordnungen erhebliche Bedeutung zu –, welchen Stellenwert das Erwerbsstreben, das Konkurrenzdenken, die Eigeninitiative, die Eigenverantwortung, die Risikobereitschaft einnehmen.

Was den Realisierungsfaktor „Ordnung" angeht, reicht er über das aus Elementarformen aufgebaute Ordnungsgefüge Euckens insofern hinaus, als es um die soziale Geordnetheit im umfassenden Sinn geht; gemeint ist also nicht nur die soziale Struktur als solche, „sondern ganz allgemein die ökonomische Relevanz des sozialen Bereiches, so daß also etwa die Art der Eigentumsordnung ganz ebenso hierher zu rechnen ist wie die Art des Inbeziehungstehens von Mensch zu Mensch oder die Machtverteilung innerhalb der sozialen Einheit" (Weippert 1967, S. 124). Darüber hinaus ist Wirtschaftslehre als Kulturtheorie gehalten, auch die Wirkungen der verschiedenen Ordnungsformen der Wirtschaft auf die Ordnungen des menschlichen Zusammenlebens – wie auch umgekehrt – zu beobachten (vgl. Weippert 1967, S. 116 f. und Koslowski 1991, S. 4 ff.). Die von Sombart in Bezug auf die Kategorie „Ordnung" bzw. „Form" angeführten sechs Antithesenpaare, nämlich Gebundenheit und Freiheit, Privatwirtschaft und Gemeinwirtschaft, Demokratie und Aristokratie, Geschlossenheit und Aufgelöstheit, Bedarfsdeckungswirtschaft und Verkehrswirtschaft sowie Individualbetriebe und gesellschaftliche Betriebe, sind allerdings nur begrenzt operationabel.

Gerade dem Formmoment, dem Ordnungsgefüge der Wirtschaft, galt ja mit den 1940 in erster Auflage erschienenen „Grundlagen der Nationalökonomie" das Hauptinteresse Walter Euckens: „Auf jeden Fall ist die Erkenntnis der Wirtschaftsordnung der notwendige und sogar der erste Schritt zur Erkenntnis der wirtschaftlichen Wirklichkeit eines jeden Volkes" (Eucken 1940, S. 62, im Original hervorgehoben). Es muss aber noch einmal darauf hingewiesen werden, dass der Eucken'sche Ordnungsbegriff enger gefasst ist als der Sombarts und dass dabei die als konstitutive Grundformen einer Ordnung, die als Idealtypen verstandenen „reinen Formen" (im Eucken'schen Sprachgebrauch: Wirtschaftssysteme), nur gedankliche, geschichts- und damit sinnfreie Denkfiguren darstellen. Die idealtypischen Formen „geben – obwohl aus exakter Beobachtung der Wirklichkeit entstanden – keine Abbilder konkreter Wirklichkeit. Sie sind weder Photographien noch Gemälde und wollen nicht solche sein. Sie sind auch nicht in einem bestimmten historischen Milieu gedacht" (Eucken 1940, S. 194). Mit den nach den Trägern des Wirtschaftsplans unterschiedenen beiden Grundformen der zentralgeleiteten Wirtschaft und der Verkehrswirtschaft wurde – bei bewusster Inkaufnahme von Abstraktionen der Wirklichkeit – zwar die ordnungstheoretische Reflexion zum „Kardinalproblem" erhoben, allerdings beschränkte sich diese Ordnungstheorie eben auf die Wirkungsanalyse von Ordnungsformen, deren Entstehung und Entwicklung blieben ausgeklammert, denn Institutionen zählten in der Freiburger Ordnungstheorie zum Datenkranz. Neben den Bedürfnissen, der Natur, der Arbeit und dem technischen Wesen benennt Eucken eben auch die rechtliche und soziale Organisation als die Daten, welche die Grenzziehung des Theoriebereichs markieren. Eucken bestimmt kategorisch: „An den faktischen gesamtwirtschaftlichen Daten, endigt die theoretische Erklärung. Aufgabe der Theorie ist es, die notwendigen Zusammenhänge bis zum Datenkranz zu verfolgen und umgekehrt zu zeigen, wie von den einzelnen Daten das wirtschaftliche Geschehen abhängt. Aber die ökonomische Theorie ist nicht fähig, ihr Zustandekommen zu erklären" (Eucken 1940, S. 184). Tatsächlich hat Eucken die Datengrenze sehr eng gezogen; seine diesbezüglichen Einlassungen lesen sich manchmal „wie Verbote, den Zusammenhang zwischen verschiedenen Daten zu untersuchen" (Meyer 1989, S. 44), also Datenanalyse zu betreiben. Inzwischen hat jedoch die Entwicklung der Volkswirtschaftslehre die rigorose Grenzziehung zumindest teilweise überwunden, denn gerade da, wo Eucken glaubte, „man könnte keine – in seinem Sinne: exakten – Theorien entwickeln, hat die Phantasie der Ökonomen das Gegenteil gezeigt" (Meyer 1989, S. 49). Hinzuweisen wäre in diesem Zusammenhang auf die Neue Ökonomische Institutionentheorie, repräsentiert vorzugsweise durch angloamerikanische Fachvertreter, welche demonstrieren, dass sich sowohl die politischen Ordnungen als auch die Entstehung und der Wandel von Institutionen mit dem Instrumentarium der ökonomischen Theorie durchaus analysieren lassen (Leipold 1989, S. 129).

Erst die Kulturwirklichkeit Wirtschaft bringt auch den dritten Realisierungsfaktor, die Technik, in Kalkül. Allerdings definiert Sombart Technik lediglich als „Mittelwahl bei gegebenem Zweck", wobei er nach der geistigen, der dynamischen und der stofflichen Struktur die Gegensatzpaare „empirisch und wissenschaftlich", „stationär und revolutionär" sowie „organisch und nichtorganisch" unterscheidet; demgegenüber wies Egner wohl zu Recht darauf hin, dass hier eine Ausweitung auf die Gesamtheit des Wissens und Könnens, auf das Know-how einer Gesellschaft erforderlich ist (vgl. Egner 1969, S. 427).

Nur im Vorbeigehen sei noch einmal vermerkt, dass es Sombart mit seinen drei Grundbestandteilen „Geist", „Form" und „Technik" um eine Gestaltidee des Wirtschaftssystems geht, wobei hinzugefügt werden sollte, dass es Sombart dabei auf die sinnvolle Vereinigung von Strukturelementen der Grundbestandteile ankommt, auf Sinnverwandtschaften, auf Sinnadäquanz.

Es dürfte deutlich geworden sein, dass Volkswirtschaftslehre in einem spezifischen Sinn als Kulturtheorie interpretierbar ist. Ausgehend von der Tatsache, dass wir die „Geistschöpfung" Wirtschaft – wie eben auch die anderen Kultursysteme – als ein „Zwecksystem" identifizieren können, sind wir zunächst auf ein eigenständiges überzeitliches Sachgebiet verwiesen. Ohne Zweifel stellt Wirtschaft zuerst auf die materielle Daseinssicherung ab, aber eben nicht nur:

> Der Mensch würde auf Grund der Besonderheit seines Seins auch dann ein Kulturgebiet erstellen, so ihm die Last der Lebenserhaltung und der Lebenssicherung abgenommen wäre. Nötigt ihn doch schon die Vielzahl der Zwecksetzungen und der Wille, Zwecke zu verwirklichen, zu wirtschaftlichen Erwägungen und ökonomischen Handlungen. Allein die Tatsache also, daß der Mensch „Wunschbildverwirklicher" ist, läßt Wirtschaft entstehen.
> (Weippert 1967, S. 113)

Das Verhältnis von instrumentaler zu kulturtheoretischer Betrachtung

Wenn nun eine das Sachgebiet Wirtschaft ausleuchtende Theorie der zeitlosen Wirtschaft von uns als eine Art Basis der Volkswirtschaftslehre gesehen wird, dann steht die erwähnte „instrumentale Theorie" dazu in etwa auf der gleichen Ebene, wenn auch nicht gestützt durch eine ontologische, eine sinnhafte Fundierung. Auch die instrumentale Theorie zielt auf das „rein Ökonomische", sie „rückt den Wirtschaftsablauf, den Wirkungszusammenhang innerhalb bestimmter Daten in den Mittelpunkt der Betrachtung, erhebt diesen zum Problem" (Weippert 1967, S. 119). Die Wirtschaftslehre verharrt sozusagen im Instrumentalen, sie befähigt nur zu Aussagen nach dem Schema „Wenn ... dann ...": Wenn A., dann B. Diese Funktionalbetrachtung hatte in der Klassischen Schule der Volkswirtschaftslehre mit Ricardo einen ersten Höhepunkt erreicht; wesentliche Seiten der Wirklichkeit bleiben unbeachtet. Darum wiesen auch die meisten dieser Arbeiten unvermeidlich „Modellcharakter" auf, und das Erkenntnisprodukt ist – von der Wirklichkeit her gesehen – oft nur gedankliche Konstruktion, manchmal gar Fiktion (vgl. Weippert 1966, S. 27 f.). In diesem Licht sind auch die Ergebnisse der im 19. Jahrhundert aufkommenden, auf der Grundlage der deduktiven Methode arbeitenden Grenznutzenschule zu sehen; hier entfernte sich die Wirtschaftstheorie im Gewand einer subjektiven Wertlehre immer mehr von ihrem gesellschaftlichen Bezug. Auch dem seit 1936 für die Fortentwicklung der neueren Volkswirtschaftslehre so wichtig gewordenen Keynesianismus wird gelegentlich vorgeworfen, oft mit unzureichenden Bauelementen an die Wirklichkeit heranzutreten, sodass dieser „Instrumentalismus" in seinen Modellen allzu oft ein Eigenleben führt, fernab der Realität unserer Gesellschaft (vgl. Hofmann 1970, S. 1194 f.). Hans Albert schließlich, als ein Hauptvertreter des Kritischen Rationalismus nicht gerade der Vorgehensweise der verstehenden Nationalökonomie zugetan, bemängelt gleichfalls den von ihm sogenannten „Modell-Platonismus" der reinen Ökonomie der Neoklassik, d. h. die gegen ein Scheitern an den Erfahrungstatsachen zur Anwendung gelangenden Immunisierungsstrategien mithilfe von Ceteris-paribus-Klauseln; er macht dafür die Isolierung der Wirtschaftstheorie gegen soziologische und sozialpsychologische Erkenntnisse verantwortlich (vgl. Albert 1967, S. 388). Dennoch: Zur kulturtheoretischen Betrachtung der Wirtschaft steht die instrumentale Theorie in einem Komplementärverhältnis.

14.4 Schluss und Ausblick

Es konnte aufgezeigt werden, dass die sich mit den drei Realisierungsfaktoren „Geist", „Ordnung" und „Technik" konstituierende kulturtheoretische Wirtschaftsbetrachtung – dass sich mit der Berücksichtigung der geistig-habituellen, der sozialstrukturellen und der physikalisch-technischen Gegebenheiten – zugleich ein gestalttheoretisches Bemühen widerspiegelt, wobei es gilt, „die Struktur der Kulturwirklichkeit Wirtschaft in all ihren konstitutiven Strukturelementen zu erfassen" (Weippert 1967, S. 121).

Nur noch zur Abrundung sei darauf aufmerksam gemacht, dass der kulturtheoretisch fundierten Gestalttheorie als letzte Stufe eine entsprechende Gestaltungstheorie der Wirtschaft als wirtschaftspolitische Disziplin folgen müsste. Einer solchen Gestaltungslehre käme dann die Aufgabe zu, „die Konsequenzen aus den in Ontologie und geschichtlicher Theorie gewonnen Einsichten zu ziehen" (Egner 1969, S. 414).

Ich bin mir darüber im Klaren, dass mehr die Richtung weisende Anregungen als Lösungen, mehr Fragen als Antworten vorliegen. Der Einwand, dass sich die heute vorherrschenden, durch den neoklassischen Denkstil geprägten Modellanalysen einer kulturtheoretischen Betrachtungsweise weitgehend entziehen, darf aber kein Grund sein, einen solchen „status praesens" zu akzeptieren. Im Gegenteil: Der Fachwissenschaft kommt auch die Aufgabe zu, auf Defizite hinzuweisen und entsprechende Strategien zu initiieren.

14.5 Nachtrag

Vor dem Hintergrund der Tatsache, dass sich die ökonomische Theorie in der Krise befindet, heißt es in Band 1 der in der Universität Freiburg unter anderem unter der Ägide von Professor Dr. Gerold Blümle ins Leben gerufenen Reihe „Kulturelle Ökonomik": „Aktuelle gesellschaftliche Relevanz wird [der ökonomischen Theorie] zunehmend abgesprochen [...] soll ihre Formalisierung [...] weiter vorangetrieben werden oder besitzen historische oder kulturelle Dimensionen für die methodologischen

Grundlagen der Wirtschaftswissenschaften gleichwie für die wirtschaftliche Praxis entscheidende Bedeutung?" (Blümle et al. 2004, Umschlagrückseite). Hervorgehoben wird dabei die Bedeutung der kulturellen Dimension ökonomischen Handelns, die Wechselwirkung zwischen Wirtschaft und Kultur. Es gehe darum, „die Situation der ökonomischen Forschung in historischer, interdisziplinärer und vor allem kultureller Perspektive [zu] erörtern und weiter[zu]entwickeln" (Blümle et al. 2004, Vorwort, S. 5), wobei zugleich der Zielsetzung Max Webers nach einer Sozialwissenschaft als Wirklichkeitswissenschaft entsprechen werde (vgl. Blümle et al. 2004, Umschlagrückseite). Mit anderen Worten: Das Verhältnis von Ökonomie und Kultur kann manifest werden in einer als Kulturtheorie verstandenen Wirtschaftslehre, wie sie schon Georg Weippert vorschwebte.

14.6 Literatur

Albert, H.: Modell-Platonismus: Der neoklassische Stil des Ökonomischen Denkens in kritischer Beleuchtung (1963). In: Albert, H.: Marktsoziologie und Entscheidungslogik. Ökonomische Probleme in soziologischer Perspektive. Neuwied/Berlin 1967.

Beckerath, E. v.: Art. Wirtschaftswissenschaft: Methodenlehre (Abschn. I). In: Handwörterbuch der Sozialwissenschaften, Bd. 12, Stuttgart/Tübingen/Göttingen 1965, S. 288–304.

Blümle, G. et al. (Hrsg.): Perspektiven einer kulturellen Ökonomik. Kulturelle Ökonomik, Band 1, Münster/Berlin 2004.

Egner, E.: Weippert's Vorstoß auf eine Ontologie der Wirtschaft. In: Jahrbücher für Nationalökonomie und Statistik, Band 183. Stuttgart 1969, S. 401–434.

Eucken, W.: Die Grundlagen der Nationalökonomie. Jena 1940.

Gottl-Ottlilienfeld, F. v.: Wesen und Grundbegriffe der Wirtschaft. Leipzig 1935.

Hofmann, W.: Die Ideologisierung der ökonomischen Theorie. Studium Generale. Zeitschrift für interdisziplinäre Studien, 23 (1970), S. 1194 f.

Kosiol, E.: Erkenntnisgegenstand und methodologischer Standort der Betriebswirtschaftslehre. Zeitschrift für Betriebswirtschaft, 31 (1961), S. 129–136.

Koslowski, P.: Gesellschaftliche Koordination. Eine ontologische und kulturwissenschaftliche Theorie der Marktwirtschaft. Tübingen 1991.

Leipold, H.: Das Ordnungsproblem in der ökonomischen Institutionenlehre. In: Ordo. Jahrbuch für die Ordnung von Wirtschaft und Gesellschaft, Band 40, Stuttgart/New York 1989, S. 129–146.

Meyer, W.: Geschichte und Nationalökonomie: Historische Einbettung und allgemeine Theorie. In: Ordo. Jahrbuch für die Ordnung von Wirtschaft und Gesellschaft, Band 40, Stuttgart/New York 1989, S. 31–54.

Rickert, H.: Die Grenzen der naturwissenschaftlichen Begriffsbildung, Tübingen 1913.

Robbins, L. C.: An Essay on the Nature an Significance of Economic Science. London 1932.

Röpke, W.: Die Lehre von der Wirtschaft. Erlenbach ZH/Stuttgart10 1965.

Samuelson, P. A./Nordhaus, W. D.: Volkswirtschaftslehre. Band 1, Köln 1987.

Sombart, W.: Die drei Nationalökonomien. Geschichte und System der Lehre von der Wirtschaft. München/Leipzig 1930.

Weippert, G.: Die Wirtschaftstheorie als politische Wissenschaft. Versuch einer Grundlegung (1937). In: G. Weippert: Aufsätze zur Wissenschaftslehre. Band I: Sozialwissenschaft und Wirklichkeit. Göttingen 1966, S. 27–70.

Weippert, G.: Instrumentale und kulturtheoretische Betrachtung der Wirtschaft (1950). In: G. Weippert: Aufsätze zur Wissenschaftslehre. Band II: Wirtschaftslehre als Kulturtheorie. Göttingen 1967, S. 110–143.

Weippert, G.: Werner Sombarts Gestaltidee des Wirtschaftssystems. Göttingen 1953.

Weippert, G.: Zur Theorie der zeitlosen Wirtschaft (1961). In: Weippert, G.: Aufsätze zur Wissenschaftslehre. Band II: Wirtschaftslehre als Kulturtheorie. Göttingen 1967, S. 144–222.

Weddigen, W.: Theoretische Volkswirtschaftslehre als System der Wirtschaftstheorie. Meisenheim am Glan 1948.

Wendt, S.: Geschichte der Volkswirtschaftslehre. Berlin 1968.

Zwiedineck-Südenhorst, O. v.: Kausalität der Dogmatik in der Nationalökonomie. Sitzungsberichte der Bayerischen Akademie der Wissenschaften, Philos.-histor. Klasse, Jg. 1943, 9, München 1944.

Literaturverzeichnis

Abbott, L.: Quality and Competition. An Essay in Economic Theory. New York 1955.

Albert, H.: Modell-Platonismus: Der neoklassische Stil des Ökonomischen Denkens in kritischer Beleuchtung (1963). In: Albert, H.: Marktsoziologie und Entscheidungslogik. Ökonomische Probleme in soziologischer Perspektive. Neuwied/Berlin 1967.

Aristoteles: Nikomachische Ethik. Übers. u. kommentiert von F. Dirlmeier. Berlin 1983 (= Aristoteles Werke, hrsg. v. H. Flashar, Band 6).

Aristoteles: Politik. Buch I. Übers. u. erl. von E. Schütrumpf. Darmstadt 1991 (= Aristoteles Werke, hrsg. v. H. Flashar, Band 9, Tl. I).

Arrow, K. J.: The Organization of Economic Activity. In: The Analysis and Evaluation of Public Expenditure. The PPB System. Joint Economic Committee, Vol. 1, Washington 1969, S. 47–64.

Arrow, K. J./Debreu, G.: Existence of an Equilibrium for a Competitive Economy. In: Econometrica, Vol. 22 (1954), S. 265–290.

Beckerath, E. v.: Art. Wirtschaftswissenschaft: Methodenlehre (Abschn. I). In: Beckerath, E. v. et al.: Handwörterbuch der Sozialwissenschaften, Bd. 12, Stuttgart/Tübingen/Göttingen 1965, S. 288–304.

Blaich, F.: Die Epoche des Merkantilismus. Wiesbaden 1973.

Blankertz, H.: Bildung im Zeitalter der großen Industrie. Pädagogik, Schule und Berufsbildung im 19. Jahrhundert. Hannover 1969.

Blümle, G. et al. (Hrsg.): Perspektiven einer kulturellen Ökonomik. Kulturelle Ökonomik. Band 1. Münster/Berlin 2004.

Böhm, F.: Das Problem der privaten Macht. In: Die Justiz, Band III (1927/28), S. 324–345.

Böhm, F.: Die Ordnung der Wirtschaft als geschichtliche Aufgabe und rechtsschöpferische Leistung. Stuttgart/Berlin 1937.

Böhm-Bawerk, E. v.: Kapital und Kapitalzins. Zweite Abt.: Positive Theorie des Kapitales. Innsbruck 1889.

Böhm-Bawerk, E. v.: Macht oder ökonomisches Gesetz? In: Zeitschrift für Volkswirtschaft, Sozialpolitik und Verwaltung, Band 23 (1914), S. 205–271.

Bodin, J.: Les six livres de la république. Paris 1576.

Boelcke, W. A.: Liberalismus. In: HdWW, Band 5 (1980), S. 32–47.

Boese, F. (Hrsg.): Deutschland und die Weltkrise. Schriften des Vereins für Socialpolitik, Band 187, München/Leipzig 1932, S. 62–69.

Brandt, K.: Geschichte der deutschen Volkswirtschaftslehre. Band 1. Freiburg i. Br. 1992.

Brunner, K.: The Role of Money and Monetary Policy. In: Federal Reserve Bank of St. Louis, Review, Vol. 50 (July 1968), S. 8–24.

Bürgin, A.: Merkantilismus. In: Beckerath, E. v. et al.: HdSW, Band 7, Stuttgart 1961, S. 308–317.

Cassel, G.: Theoretische Sozialökonomie. Leipzig 1918.

Chamberlin, E.: The Theory of Monopolistic Competition. Cambridge, MA 1933.

Clausing, G.: Georg Weippert zum Gedächtnis. In: Zeitschrift für das gesamte Genossenschaftswesen, Jg. 16 (1996), S. 1–6.

Coase, R. H.: The Nature of the Firm. In: Economica. N. S., Vol. 4 (1937), S. 386–405.

Daniels, A.: Zum 200. Geburtstag von Friedrich List: „Bruder, du bist in eine böse Zeit gefallen". Der ruhelose Vordenker eines modernen Deutschlands. In: Die Zeit, 4. 8. 1989, S. 29 f., online unter URL: http://pdf.zeit.de/1989/32/bruder-du-bist-in-eine-boese-zeit-gefallen.pdf [Abruf: 14. 12. 2016].

Derbolav, J.: Wesen und Formen der Gymnasialbildung. Ein Beitrag zur Theorie der Wirtschaftsoberschule. Bonn 1957.

DOI 10.1515/9783110530476-018

Deutsche Bischofskonferenz/EKD: Tempi – Bildung im Zeitalter der Beschleunigung. Forschung & Lehre, Heft 1/2000, S. 22–24.

Dörschel, A.: Geschichte der Erziehung im Wandel von Wirtschaft und Gesellschaft. Berlin 1972.

Eglau, H. O.: Die Mathematik des Ackerbaus. In: ZEIT-Punkte, Nr. 3: Zeit der Ökonomen. Hamburg 1993, S. 54–56.

Egner, E.: Weippert's Vorstoß auf eine Ontologie der Wirtschaft. In: Jahrbücher für Nationalökonomie und Statistik, Band 183, Stuttgart 1969, S. 401–434.

Eisermann, G.: Die Grundlagen des Historismus in der deutschen Nationalökonomie. Stuttgart 1956.

Engels, F.: Art. Marx. Biographie (1892). In: HdSW, Band 7 (1961), S. 185–188.

Eucken, W.: Die Grundlagen der Nationalökonomie. Jena 1940.

Eucken, W.: Grundsätze der Wirtschaftspolitik. Tübingen/Zürich 1952.

Felderer, B./Homburg, S.: Makroökonomik und neue Makroökonomik. Berlin et al. 1999.

Fetscher, I.: Über Marx' Persönlichkeit in moderner Sicht. In: Rechtenwald, H. C./Weizsäcker, C. C.: Kritisches zu Karl Marx – anno 1988. Düsseldorf 1988, S. 81–107.

Flashar, H. et al.: Aristoteles und seine „Politik". Düsseldorf 1992.

Föllinger, S.: Ökonomik bei Platon, Berlin 2016.

Friedman, M.: Studies in the Quantity Theory of Money. Chicago 1956. [Die Quantitätstheorie des Geldes: eine Neuformulierung. In: ders.: Die optimale Geldmenge und andere Essays. München 1970, S. 77–99.]

Friedman, M.: Die Gegenrevolution in der Geldtheorie. In: Kalmbach, P. (Hrsg.): Der neue Monetarismus. München 1973, S. 47–69.

Frisch, R.: Monopole – Polypole. La notion de force dans l'économie. In: Nationaløkonomisk Tidsskrift, Band 71 (1933), Beilage, S. 241–259.

Galbraith, J. K.: Die Entmythologisierung der Wirtschaft. Grundvoraussetzungen ökonomischen Denkens. Wien/Darmstadt 1988.

Gide, C./Rist, C.: Geschichte der volkswirtschaftlichen Lehrmeinungen. Jena 1921.

Gossen, H. H.: Entwickelung der Gesetze des menschlichen Verkehrs, und der daraus fließenden Regeln für menschliches Handeln. Braunschweig 1854.

Gottl-Ottlilienfeld, F. v.: Wesen und Grundbegriffe der Wirtschaft. Leipzig 1935.

Gruber, U./Kleber, M.: Grundlagen der Volkswirtschaftslehre. München 1992.

Hankel, W.: John Maynard Keynes. Die Entschlüsselung des Kapitalismus. München 1986.

Hardach, K.: Friedrich List als deutscher Idealisierungsideologe. Beitrag zu einer wirtschaftshistorischen Wirkungsanalyse. In: Studien zur Entwicklung der ökonomischen Theorie X, hrsg. v. B. Schefold. Schriften des Vereins für Socialpolitik. N. F., Bd. 115/X, Berlin 1990, S. 115–152.

Harrod, R. F.: Keynes, John Maynard. In: HdSW, Bd. 5 (1956), S. 604–614.

Hassinger, H.: Johann Joachim Becher 1635–1682. Ein Beitrag zur Geschichte des Merkantilismus. Wien 1951.

Häuser, K.: Friedrich List. Sein Leben und Wirken. In: Häuser, K./Lachmann, W./Scherf, H.: Fredrich List – eine moderne Würdigung. Düsseldorf 1989, S. 29–47.

Henderson, W.: Friedrich List. Eine historische Biographie des Gründers des Deutschen Zollvereins und des ersten Visionärs eines vereinten Europa. Düsseldorf/Wien 1984.

Hermann, F. B. W.: Staatswirthschaftliche Untersuchungen über Vermögen, Wirthschaft, Productivität der Arbeiten, Kapital. Preis, Gewinn, Einkommen und Verbrauch. München 1832.

Hicks, J. R.: Mr. Keynes and the „Classics". A Suggested Interpretation. In: Econometrica, Vol. 5 (1937), S. 147–159.

Hofmann, W.: Die Ideologisierung der ökonomischen Theorie. Studium Generale. Zeitschrift für interdisziplinäre Studien, 23 (1970), S. 1194 f.

Hornigk, P. W. v.: Oesterreich über alles wann es nur will. Das ist: Wohlmeinender Fürschlag wie mittelst einer wohlbestellten Landes-Oekonomie, die Kayserl. Erbland in kurzem, über alle andere Staat von Europa zu erheben ... Nürnberg 1684.

Jevons, W. S.: The Theory of Political Economy. London/New York 1871.

Kalmbach, P.: Einleitung: Der neue Monetarismus. In: Kalmbach, P. (Hrsg.): Der neue Monetarismus. München 1973, S. 9–46.

Kaminski, H.: Lehrplan-Analysen – ein Beitrag zur Situations-Analyse des Status der ökonomischen Bildung in Lehrplänen des Gymnasiums. In: Schlösser, H. J./Weber B.: Wirtschaft in der Schule. Eine umfassende Analyse der Lehrpläne für Gymnasien. Hrsg. von der Bertelsmann Stiftung. Gütersloh 1999, S. 11–30.

Keynes, J. M.: The General Theory of Employment, Interest and Money. London 1936. (Allgemeine Theorie der Beschäftigung, des Zinses und des Geldes. Berlin 2000).

Klafki, W.: Art. Lehrerausbildung – Erziehungswissenschaft, Fachdidaktik, Fachwissenschaft. In: Roth, L. (Hrsg.): Handlexikon zur Erziehungswissenschaft. München 1976, S. 267–276.

Kolb, G.: Einführung in die Volkswirtschaftslehre. Wissenschafts- und ordnungstheoretische Grundlagen. München 2012.

Kolb, G.: Geschichte der Volkswirtschaftslehre. Dogmenhistorische Positionen des ökonomischen Denkens. München 2004.

Kolb, G.: Ökonomische Problemlösungen im Spiegel der Geschichte der Volkswirtschaftslehre. In: WiSt, 28. Jg. (1999), S. 634–641.

Kolb, G.: Volkswirtschaftslehre als Kulturtheorie. In: Jahrbuch für Philosophie des Forschungsinstituts für Philosophie Hannover, Band 5 (1994), Wien 1993, S. 181–197.

Kolb, G.: Zur Relevanz der volkswirtschaftlichen Ideengeschichte für die ökonomische Bildung. In: Wirtschafts- und Berufspädagogische Schriften, Band 25, Bergisch-Gladbach 2001, S. 77–85.

Kosiol, E.: Erkenntnisgegenstand und methodologischer Standort der Betriebswirtschaftslehre. Zeitschrift für Betriebswirtschaft, 31 (1961), S. 129–136.

Koslowski, P.: Gesellschaftliche Koordination. Eine ontologische und kulturwissenschaftliche Theorie der Marktwirtschaft. Tübingen 1991.

Kruse, A.: Geschichte der volkswirtschaftlichen Theorien. Berlin 1959.

Leontief, W.: Quesnays „Tableau Économique" und die moderne Input-Output-Analyse. In: Leontief, W./Recktenwald, H. C.: Über François Quesnays „Physiocratie". Frankfurt a. M./Düsseldorf 1987, S. 15–25.

Leipold, H.: Das Ordnungsproblem in der ökonomischen Institutionenlehre. In: Ordo. Jahrbuch für die Ordnung von Wirtschaft und Gesellschaft, Band 40, Stuttgart/New York 1989, S. 129–146.

List, F.: Das nationale System der politischen Oekonomie. Erster Band. Der internationale Handel, die Handelspolitik und der deutsche Zollverein. Stuttgart/Tübingen 1841.

List, F.: Das nationale System der politischen Oekonomie. Erster Band. Der internationale Handel, die Handelspolitik und der deutsche Zollverein. Stuttgart/Tübingen 1841 (Faksimileausgabe: Düsseldorf 1989).

List, F.: Schriften/Reden/Briefe (im Auftrag der Friedrich-List-Gesellschaft e. V. hrsg. v. E. v. Beckerath u. a.), Bd. I, hrsg. v. K. Goeser u. W. v. Sonntag, Berlin 1932.

Mangoldt, H. v.: Grundriß der Volkswirthschaftslehre. Stuttgart 1863.

Malthus, T. R.: An Essay on the Principle of Population, as it Affects the Future Improvement of Society; with Remarks of the Speculation of Mr. Godwin, M. Condorcet, and Other Writers. London 1798.

Marshall, A.: Principles of Economics. Vol. I. London 1890.

Marx, K.: Das Kapital. Kritik der politischen Oekonomie. Erster Band. Buch I: Der Productionsprocess des Kapitals. Hamburg 1867.

Marx, K.: Das Kapital. Kritik der politischen Oekonomie. Erster Band. Buch I: Der Produktionsprocess des Kapitals. Hamburg 1867 (Faksimileausgabe: Düsseldorf 1988).

Marx, K.: Das Kapital. Kritik der politischen Oekonomie. Zweiter Band. Buch II: Der Circulations-
prozess des Kapitals hrsg. v. F. Engels, 1885). MEW 24, Berlin 1971.

Marx, K.: Das Kapital. Kritik der politischen Oekonomie. Dritter Band, erster Teil, Buch III: Der
Gesammtprocess der kapitalistischen Produktion hrsg. v. F. Engels, 1894). MEW 25, Berlin 1972.

Marx, K.: Kritik des Gothaer Programms (1875). MEW 19, Berlin 1973, S. 11–32.

Marx, K.: Misère de la philosophie. Réponse à la philosophie de la misère d. M. Proudhon. Paris/
Bruxelles 1847.

Marx, K.: Theorien über den Mehrwert. Erster Teil (1862/63). MEW 26.1, Berlin 1973.

Marx, K.: Zur Kritik der Politischen Oekonomie (1859). MEW 13, Berlin 1974, S. 3–160.

Mayer, T.: The Structure of Monetarism. In: Kredit und Kapital Jg. 8 (1975), S. 191–218 (I) und
S. 293–316 (II). [Die Struktur des Monetarismus. In: Ehrlicher, W./Becker, W.-D. (Hrsg.):
Die Monetarismus-Kontroverse. Eine Zwischenbilanz. Beihefte zu Kredit und Kapital, Heft 4,
Berlin 1978, S. 9–56.]

Meek, R. L.: The Economics of Physiocracy. Cambridge (Mass.) 1963.

Menger, C.: Grundsätze der Volkswirtschaftslehre. Wien 1871.

Meltzer, A. H.: Monetaristische, keynesianische und Quantitätstheorie. In: Ehrlicher, W./
Becker, W.-D. (Hrsg.): Die Monetarismus-Kontroverse. Eine Zwischenbilanz. Beihefte zu Kredit und Kapital, Heft 4, Berlin 1978, S. 171–202.

Mirabeau, V. R. Marquis de: Theorie de l'impôt. o. O. 1760.

Meyer, W.: Geschichte und Nationalökonomie: Historische Einbettung und allgemeine Theorie. In:
Ordo. Jahrbuch für die Ordnung von Wirtschaft und Gesellschaft, Band 40, Stuttgart/New York
1989, S. 31–54.

Müller, A.: Die Elemente der Staatskunst. Sechsunddreißig Vorlesungen (1808/09). Meersburg
a. Bodensee/Leipzig 1936.

Mun, T.: England's Treasure by Forraign Trade. London 1664.

Nawroth, E.: Zur Sinnerfüllung der Marktwirtschaft. Köln 1965.

Oncken, A.: Geschichte der Nationalökonomie. Leipzig 1902.

Oresme, N.: Tractatus de origine, natura, jure et mutationibus monetarum (ca. 1355). In: Schroer, E.
(Hrsg.): Traktat über Geldabwertungen. Jena 1937.

Pacioli, L.: Summa de arithmetica, geometria, proportioni et proportionalita. Venedig 1494.

Penndorf, B.: Luca Pacioli. Abhandlung über die Buchhaltung 1494. Stuttgart 1933. Reprint: Stuttgart 1992.

Pigou, A. C.: Wealth and Welfare. London 1912.

Platon: Nomoi. Nach der Übersetzung von H. Müller mit der Stephanus-Nummerierung. Hrsg.:
Otto W. F./Grassi, E./Plambök, G. Reinbek 1968 (= Rowohlts Klassiker der Literatur und der
Wissenschaft: Griechische Philosophie. 7).

Proudhon, P. J.: Qu'est-ce que la propriété? ou, recherches sur le principe du droit et du gouvernement. Paris 1840.

Pütz, Th.: in memoriam Georg Weippert. In: Jahrbuch für Sozialwissenschaften, hrsg. v. H. Jürgen-
sen, A. Predöhl et al., Band 16, Göttingen 1965, S. 279–289.

Quesnay, F.: Ökonomische Schriften in zwei Bänden, hrsg. v. M. Kuczynski. Berlin 1971.

Ramm, T. (Hrsg.): Der Frühsozialismus. Quellentexte. Stuttgart 1968.

Recktenwald, H. C.: Friedrich von Hermann – ein Wegbereiter moderner Theorie. Frankfurt a. M./
Düsseldorf 1987.

Recktenwald, H. C.: Karl Marx und der „real existierende" Sozialismus. In: Recktenwald, H. C./
Weizsäcker, C. C./Fetscher, I.: Kritisches zu Karl Marx – anno 1988. Düsseldorf 1988, S. 715.

Recktenwald, H. C. (Hrsg.): Über John Stuart Mills „Principles of Political Economy". Düsseldorf 1988.

Recktenwald, H. C. (Hrsg.): Über Thomas Robert Malthus' „Principles of Political Economy". Düsseldorf 1989.

Recktenwald, H. C.: Walras' Rang in der ökonomischen Wissenschaft. Das Opus im technischen Zeitalter. In: Jaffe, W./Blaug, M./Walker, D. A.: Léon Walras' Lebenswerk – Eine kritische Analyse. Düsseldorf 1988, S. 5–8.

Reuter, N.: Wachstumseuphorie und Verteilungsrealität. Wirtschaftspolitische Leitbilder zwischen Gestern und Morgen. Mit Texten zum Thema von John Maynard Keynes und Wassily Leontief. Marburg 1998.

Ricardo, D.: On the Principles of Political Economy, and Taxation. London 1817.

Rickert, H.: Die Grenzen der naturwissenschaftlichen Begriffsbildung, Tübingen 1913.

Rieter, H.: Alfred Marshall (1842–1924). In: Starbatty. J. (Hrsg.): Klassiker des ökonomischen Denkens, Band II, München 1989. S. 135–157.

Robbins, L. C.: An Essay on the Nature and Significance of Economic Science. London 1932.

Robinson, J.: The Economics of Imperfect Competition. London 1933.

Rodbertus-Jagetzow, C: Das Kapital. Vierter socialer Brief an v. Kirchmann (hrsg. v. A. Wagner u. T. Kozak). Berlin 1884.

Röpke, W.: Civitas humana. Grundfragen der Gesellschafts- und Wirtschaftsreform. Erlenbach-Zürich 1944.

Röpke, W.: Die Lehre von der Wirtschaft. Erlenbach ZH/Stuttgart 1965.

Rüstow, A.: Diskussionsbeitrag auf der 32. Tagung des Vereins für Socialpolitik am 28.11.1932. In: Boese, F. (Hrsg.): Deutschland und die Weltkrise. Schriften des Vereins für Socialpolitik, Band 187, München/Leipzig 1932, S. 62–69.

Salin, E.: Politische Ökonomie. Geschichte der wirtschaftspolitischen Ideen von Platon bis zur Gegenwart. Tübingen/Zürich 1967.

Samuelson, P. A./Nordhaus, W. D.: Volkswirtschaftslehre. Band 1. Köln 1987.

Say, J.-B.: Traité d'économie politique, ou simple exposition de la manière dont se forment, se distribuent, et se consomment les richesses, Vol. 1 und 2, Paris 1803.

Schäfer, E.: Grundfragen der Betriebswirtschaftslehre. In: Handbuch der Wirtschaftswissenschaften (hrsg. von K. Hax und Th. Wessels). Band I: Betriebswirtschaft. Köln-Opladen, 2. Auflage 1966, S. 9–42.

Schmidt, K.-H.: Die finanzpolitischen Reformvorschläge der Physiokraten. In: Scherf, H. (Hrsg.): Studien zur Entwicklung der ökonomischen Theorie III. Schriften des Vereins für Socialpolitik, N. F., Band 115/III, Berlin 1983, S. 101–138.

Schmitt-Rink, G.: Neue keynesianische Makroökonomie. In: WISU, 24. Jg. (1995), S. 70–75.

Schmoller, G.: Grundriß der Allgemeinen Volkswirtschaftslehre. I. Teil. Leipzig 1900.

Schneider, E.: Einführung in die Wirtschaftstheorie. II. Teil. Tübingen 1949.

Schneider, E.: Einführung in die Wirtschaftstheorie. IV. Teil: Ausgewählte Kapitel der Geschichte der Wirtschaftstheorie. Tübingen 1965.

Schlösser, H. J./Weber, B.: Wirtschaft in der Schule. a. a. O.

Schumpeter, J.: Gustav v. Schmoller und die Probleme von heute. In: Schmollers Jahrbuch für Gesetzgebung, Verwaltung und Volkswirtschaft im Deutschen Reiche, 50. Jg., Leipzig 1926, S. 337–388.

Schumpeter, J.: Theorie der wirtschaftlichen Entwicklung. Leipzig 1912 (tatsächliches Erscheinungsjahr 1911). (Theorie der wirtschaftlichen Entwicklung. Nachdruck der 1. Auflage von 1912. Hrsg. und erg. um eine Einführung von Jochen Röpke/Olaf Stiller, Berlin 2006).

Schumpeter, J. A.: Capitalism, Socialism and Democracy. New York 1941. [Kapitalismus, Sozialismus und Demokratie. Tübingen 2005.]

Schumpeter, J. A.: Geschichte der ökonomischen Analyse. Erster Teilband. Göttingen 1965.

Shackle, G. L. S.: Uncertainty in Economics. Cambridge 1955.

Simonde de Sismondi, J. C. L.: Nouveaux principes d'économie politique, ou de la richesse dans ses rapports avec la population. 2 Bände. Paris 1819.

Smith, A.: An Inquiry into the Nature and Causes of the Wealth of Nations. London 1776. [Der Wohlstand der Nationen. Nach der 5. Auflage (London 1789) übers. und hrsg. von H. C. Recktenwald. München 1996.]

Sombart, W.: Die drei Nationalökonomien. Geschichte und System der Lehre von der Wirtschaft. München/Leipzig 1930.

Sombart, W.: Die Ordnung des Wirtschaftslebens. Berlin 1925.

Sraffa, P.: The Laws of Returns under Competitive Conditions. In: The Economic Journal, Vol. 36 (1926), S. 535–550.

Stackelberg, H. v.: Marktform und Gleichgewicht. Wien/Berlin 1934.

Stavenhagen, G.: Geschichte der Wirtschaftstheorie. Göttingen 1969.

Stobbe, A.: Volkswirtschaftslehre III. Makroökonomik. Berlin et al. 1987.

Swedberg, R.: Joseph A. Schumpeter. Eine Biographie. Stuttgart 1994.

Thomas von Aquin: Summa theologica. Band 18: Recht und Gerechtigkeit (II–II 57–79). Heidelberg et al. 1953.

Thünen, J. H. v.: Der isolierte Staat in Beziehung auf Landwirtschaft und Nationalökonomie. Stuttgart 1966.

Tschammer-Osten, B.: Der private Haushalt in einzelwirtschaftlicher Sicht. Prolegomena zur einzelwirtschaftlichen Dogmengeschichte und Methodologie, Berlin 1973.

Turgot, A. R. J.: Réflexions sur la formation et la distribution des richesses. Éphémérides du citoyen, 1769: tome 11, 12; 1770: tome 1 (Faksimile-Ausgabe: Düsseldorf 1990).

Veltzke, H. H.: Theorie und Politik des Monetarismus. Wissenschaftslogische Analyse und Kritik des neoquantitätstheoretischen Ansatzes Milton Friedmans. Pfaffenweiler 1987.

Walras, L.: Éléments d'économie politique pure ou théorie de la richesse sociale. Lausanne/Paris/Bâle (Vol. I) 1874, (Vol. II) 1877.

Weber, M.: Roscher und Knies und die logischen Probleme der Historischen Nationalökonomie (1903–06). In: Weber, M.: Gesammelte Aufsätze zur Wissenschaftslehre, hrsg. v. J. Winckelmann. Tübingen 1973, S. 1–145.

Weber, W./Jochimsen, R.: Art. Wohlstandsökonomik. In: HdSW, Band 12 (1965), S. 346–359.

Weddigen, W.: Theoretische Volkswirtschaftslehre als System der Wirtschaftstheorie. Meisenheim am Glan 1948.

Weippert, G.: Die Wirtschaftstheorie als politische Wissenschaft. Versuch einer Grundlegung (1937). In: G. Weippert: Aufsätze zur Wissenschaftslehre. Band I: Sozialwissenschaft und Wirklichkeit. Göttingen 1966, S. 27–70.

Weippert, G.: Instrumentale und kulturtheoretische Betrachtung der Wirtschaft (1950). In: G. Weippert: Aufsätze zur Wissenschaftslehre. Band II: Wirtschaftslehre als Kulturtheorie. Göttingen 1967, S. 110–143.

Weippert, G.: Werner Sombarts Gestaltidee des Wirtschaftssystems. Göttingen 1953.

Weippert, G.: Zur Theorie der zeitlosen Wirtschaft (1961). In: Weippert, G.: Aufsätze zur Wissenschaftslehre. Band II: Wirtschaftslehre als Kulturtheorie. Göttingen 1967, S. 144–222.

Wendt, S.: Geschichte der Volkswirtschaftslehre. Berlin 1968.

Wieser, F. v.: Auszüge aus dem Tagebuch von Friedrich von Wiesers. In: Schumpeter, J. A.: Politische Reden, hrsg. u. kommentiert v. C. Seidl u. W. F. Stolper. Tübingen 1992, S. 10–12.

Wieser, F. v.: Der natürliche Werth. Wien 1889.

Willeke, R. J.: Art. Marktformen. In: HdSW, Band 7 (1961), S. 136–147.

Witt, U.: Warum evolutorische Ökonomik? In: Witt, U. (Hrsg.): Studien zur Evolutorischen Ökonomik I. Schriften des Vereins für Socialpolitik, Band 195/1. Berlin 1990, S. 9–17.

Zimmerman, L. J.: Geschichte der theoretischen Volkswirtschaftslehre. Köln 1961.

Zwiedineck-Südenhorst, O. v.: Kausalität der Dogmatik in der Nationalökonomie. Sitzungsberichte der Bayerischen Akadamie der Wissenschaften, Philos.-histor. Klasse, Jg. 1943, 9, München 1944.

Stichwortverzeichnis

Personenverzeichnis

Bildquellen

S. 8: Kopf des Platon, römische Kopie von Silanion [Public domain], via Wikimedia Commons; S. 9: Büste von Aristoteles. Marmor. Römische Kopie nach dem griechischen Bronze-Original von Lysippos, um 330 v. Chr. von Copy of Lysippus (Jastrow (2006)) [Public Domain], via Wikimedia Commons; S. 20: Porträt des Jean-Baptiste Colbert von Philippe de Champaigne [Public domain], via Wikimedia Commons; S. 25: Porträt des französischen Arztes und Ökonomen François Quesnay (1694–1774) von Unbekannt [Public Domain], via Wikimedia Commons; S. 30: Profile of Adam Smith. By Etching created by Cadell and Davies (1811), John Horsburgh (1828) or R. C. Bell (1872) [Public domain], via Wikimedia Commons; S. 41: Karl Marx by Unknown [Public domain], via Wikimedia Commons; S. 47: Friedrich List by Caroline Hövemeyer, Lists daughter [Public domain], via Wikimedia Commons; S. 50: Gustav von Schmoller, ordentlicher Professor der Nationalökonomie an der Univ. Berlin. Lithographie nach einem Gemälde von Rudolf Schulte im Jahr zu Schmollers 70. Geburtstag am 24. Juni 1908, Rudolf Schulte im Hofe [Public domain], via Wikimedia Commons; S. 59: Léon Walras by Unknown [Public domain], via Wikimedia Commons; S. 64: British economist Alfred Marshall (1842–1924) pictured in 1921, author unknown [Public domain], via Wikimedia Commons; S. 70: John Maynard Keynes. Photograph from Monk's House von Unbekannt (Harvard University library) [Public domain], via Wikimedia Commons; S. 80: Portrait of Milton Friedman by The Friedman Foundation for Educational Choice (RobertHannah89) [CC0], via Wikimedia Commons; S. 89: Walter Eucken, German economist, von Walter Eucken Institut [CC BY-SA 3.0], via Wikimedia Commons; S. 95: Joseph A. Schumpeter by Volkswirtschaftliches Institut, Universität Freiburg, Freiburg im Breisgau, Germany [CC BY-SA 3.0], via Wikimedia Commons; S. 107: Georg Weippert; das Porträt wurde dem Autor des vorliegenden Buches freundlicherweise von Frau Weippert überlassen.

www.ingramcontent.com/pod-product-compliance
Lightning Source LLC
Chambersburg PA
CBHW080555270326

41929CB00019B/3317